독립운동가가 된 간호사
박자혜

독립운동가가 된 간호사

박자혜

박세경 지음
유기훈 그림

낯단

추천하는 말

사후 80여 년 만의 값진 책

박자혜는 3·1 운동 때 '간우회 사건'을 주도하다가 옥고를 치르고 풀려나, 독립운동을 하기 위해 중국으로 망명하여 옌징 대학 의학과에서 공부한 당찬 여성이다. 그는 기구한 운명을 타고나기도 했다.

어려서 아기나인으로 궁궐에 들어갔다가 궁에서 나온 뒤에 숙명여학교 의(기)예과와 조산부 양성소를 졸업하고 조선총독부의원에서 일했다. 3·1 운동이 일어나면서 서울 시내 국·공립 병원 의사와 간호원들을 모아 태업을 일으키며 3·1 운동에 뛰어들었다. 이런 그를 조선총독부에서는 "과격하고 언변이 능한 자, 총독부 의원·간호사 모두를 대상으로 독립 만세를 고창한 주동자"라고 경계했다.

구국 언론인, 민족사학자, 전기 작가, 소설가, 아나키스트, 독립운동가, 이 모든 분야에서 특출한 일가를 이룬 단재 신채호 선생이 그의 남편이다. 나라의 운명과 자신의 운명을 일치하는 남자와 그런 사내를 마다하지 않은 여성의 만남이었다. 운명과 숙명 사이에서 만난 두 사람의 '부부의 연'은 부박한 세상 좀팽이들의 백년가약에 비할 바가 아니었다.

박자혜는 신채호의 아내이면서 또 한 사람의 독립운동가로서 그 누구보다 활발하게 활동했다. 의열단의 활동을 열심히 돕고 지원했다. 그가 누구인가? 여성의 몸으로 홀로 중국으로 망명한 당찬 여성이 아닌가.

남편과 자식들을 먼저 보내고 병고와 생활고에 시달리던 박자혜는 조국 광복을 1년여 앞두고 단칸 셋방에서 외롭게 숨졌다. 그가 죽은 뒤 27년이 지나서야 그의 위패가 남편 곁으로 안치되었다.

박자혜 여사에 관한 기록이 그동안 간간이 단편적으로 보도되었으나, 이처럼 체계 있게 책으로 엮은 것은 처음이다. 사후 80여 년 만의 쾌거이다. 우리 역사서와 교과서에서도 박자혜의 이야기가 더 많이 소개되기를 바란다. 저자의 노고에 감사드린다.

김삼웅 전 독립기념관장

머리말

신채호의 부인이 아닌 독립운동가 박자혜

　조선 말기에 여성들이 할 수 있는 사회적 활동은 별로 없었어요. 남성 중심적인 사회였거든요. 먹고살기 위해 전문직인 간호사가 되었는데, 3·1 만세 운동 때 다친 사람들을 치료하다가 3·1 만세 운동에 참여한 뒤 본격적으로 독립운동을 하기 위해 중국으로 망명한 당찬 여성이 있습니다. 여성이 혼자서 해내기 쉽지 않은 일을 바로 실천에 옮기고, 간호사에서 독립운동가의 길을 걸은 사람은 바로 박자혜입니다.

　어렸을 적 박자혜는 궁궐에서 궁녀로 일했어요. 얼마 뒤 일본이 조선을 병탄하면서 궁녀에서 해고되었지요. 한순간에 나라도 잃고 직업도 잃은 박자혜는 살길을 찾아야 했어요. 마침 함께 궁에서 생활했던 한 상궁의 도움으로 숙명여자고등보통학교 오늘날 숙명여자대학교의 전신 기예과에 들어가 공부했어요. 학교를 졸업한 뒤에는 직업을 갖기 위해 다시 사립 조산부 양성소를 졸업하고 간호사가 됩니다. '조산부'는 '아기를 낳을 때 돕거나 임산부와 신생아를 돌보는 일을 하는 사람'을 이르는 말이에요.

　간호사가 되어 조선총독부의원에서 일하던 중 3·1 만세 운동이 일어납니다. 이때 박자혜는 독립운동을 해야겠다는 깨달음을 얻습니다. 간호사들을 모아 '간우회'를 만들어 만세 운동을 하고, 일본에 대항하여 태업 겉으로는 일을 하지만 의도적으로 일을 게을리함을 하기도 합니다. 이 때문에 결국 일본 경찰에 잡혀 감옥에 들어가는 수모를 겪죠. 오래지 않아 풀려나지만, 박자혜는 이미 더 이상 일본인들을 위해 일할 수 없다고 생각해요. 그리하여 이를 실행으로 옮기고 본격적으로 독립운동을 하기 위해 중국으로 갑니다.

　중국에서 옌징 대학 오늘날 베이징 대학 의예과에 들어가 의사가 되는 공부를 합니다. 대학에서 여성 축구부를 만들고 주장까지 맡을 만큼 박자혜는 성격이 밝고 활발했습니다. 그러던 중 운명적인 남자를 만나 사랑에 빠지고 결혼을 합니다. 그 남자는 민족의 지도자인 단재 신채호입니다.

박자혜는 아이를 키우며 남편 신채호를 뒷바라지하고, 애국지사들의 독립운동을 지원합니다. 경제적 어려움으로 남편과 헤어져 조선으로 돌아와 조산원을 하면서도 남편 신채호와 연락하며 중국에 있는 독립지사들과 국내에 있는 독립지사들을 지원하는 임무를 수행합니다. 1926년에 나석주가 조선 식산 은행과 동양 척식 주식회사에 폭탄을 던질 때, 서울 지리와 은행과 회사의 위치를 모르는 나석주를 도와줍니다. 이러한 일들을 인정받아, 돌아가신 뒤인 1990년에 건국훈장 애족장을 추서받았습니다.

한 사람의 당당한 독립운동가로 활동을 한 것이지요. 박자혜는 신채호의 부인으로 더 많이 알려졌으나 사실 박자혜도 그 누구 못지않은 훌륭한 독립운동가였습니다.

독립운동가들은 한곳에 오래 머무르며 살아갈 수 없었습니다. 어느 때든 일본 경찰이 들이닥칠 수도 있었기 때문이지요. 여기저기 흩어져 지내는 독립운동가들을 만나 독립운동 계획을 짜고 독립운동을 하려면 집에서 가족과 단란하게 생활한다는 건 상상할 수도 없었습니다. 신채호를 비롯한 독립운동가들은 대부분 박자혜같이 보이지 않는 곳에서 도와주고 보급기지 같은 역할을 마다하지 않은 여성들이 있었기 때문에 독립운동을 할 수 있었습니다.

신채호도 아내 박자혜의 뒷받침이 없었다면 그 많은 연구를 하고 책을 쓰고 독립운동을 할 수 없었을 거예요. 늦었으나 이제부터라도 우리는 '신채호의 부인'이라는 사실보다는 박자혜의 독립운동 활동에 관심을 가져야 합니다.

박자혜가 독립운동가로서 활약한 모습을 살펴보려면 박자혜가 살았던 당시의 시대 상황과 그를 둘러싼 인물들을 먼저 잘 알아야 합니다. 이를 위해 그 당시 상황을 조금 더 쉽게 이해할 수 있도록 설명해 놓았어요. 일제 강점기는 지금 시대와 너무 많이 다르거든요.

그럼, 박자혜가 어떤 독립운동을 했는지 알아볼까요?

차 례

추천하는 말: 사후 80여 년 만의 값진 책 4
머리말: 신채호의 부인이 아닌 독립운동가 박자혜 6

1. 궁궐에 들어가다

궁녀가 되다 14 · 궁에서 쫓겨나는 박자혜 18 · 숙명여자고등보통학교에 입학하다 24
◆ 더 알아보기 28

2. 간호사가 되어 독립운동에 참여하다

먹고살기 위해 선택한 간호사 30 · 1910년 조선에 무슨 일이? 37 · 간우회 조직하여 3·1 운동에 참여하다 44 · 일본 경찰에 체포되다 50 · 일본이 운영하는 병원에서 더 이상 일하지 않겠다 54 · 간호사들의 독립운동 57 · 중국으로 망명하다 59 · 축구부를 만들고 주장을 맡다 64

3. 민족의 지도자 신채호를 만나다

독립운동가들의 움직임 72 · 박자혜와 신채호의 만남 78 · 짧은 결혼 생활 뒤에 찾아온 이별 83
◆ 더 알아보기 88

4. 조선에서 다시 독립운동을 시작하다

'산파 박자혜', 조산원을 열다 92 · 감시에 시달리는 '산파 박자혜' 99 · 의열단과 신채호의 「조선혁명선언」 102 · 김구가 믿은 지사, 나석주 107 · 박자혜, 나석주의 거사를 돕다 111

◆ 더 알아보기 118

5. 독립운동가 박자혜의 고단한 삶

5년 만에 다시 만난 세 식구 122 · 신채호, 감옥에 갇히다 127 · 포기하지 않고 아들을 공부시키다 129 · 신채호, 영원히 잠들다 140 · 박자혜, 남편을 그리며 글을 쓰다 153 · 고단했던 삶을 끝내고 눈을 감다 158

6. 박자혜와 신채호의 죽음 이후

신수범과 가족들 164 · 우리나라는 친일 협력자를 어떻게 처리했을까? 169 · 떵떵거리며 사는 친일파 후손들 172 · 떳떳하게 살아가는 독립운동가의 후손들 174

◆ 더 알아보기 176

1
궁궐에 들어가다

"활달하면서도 쾌활한 여자아이가 씩씩하게 걸어간다.
보따리 하나를 가슴에 안고 궁궐로 들어간다.
낯선 궁궐이 신기한 듯 이리저리 둘러보며 걷는
이 여자아이는 박자혜다."

궁녀가 되다

맞은편에서 깔끔하게 옷을 입은 궁녀 하나가 바쁜 듯 발걸음을 재촉했다. 궁녀의 잰걸음에는 자신감이 넘쳐 보였다. 보따리를 든 박자혜는 이 궁녀가 왜 저리도 빨리 걸을까 궁금했다. 그 순간 언뜻 궁녀의 얼굴이 눈에 들어왔다. 무엇이든 해낼 수 있다는 표정이었다.

'나도 저렇게 열심히 하는 궁녀가 돼야지.'

박자혜는 마음을 다지면서 궁 안으로 들어갔다.

박자혜는 1895년 12월 11일에 경기도에서 태어났다. 아버지 박원순은 중인 출신이었고, 어머니 이름은 모른다. 아마도 집안이 넉넉하지 않은 탓에 딸을 궁궐로 보냈던 것 같다. 궁녀가 되면 적어도 끼니 거를 걱정은 안 해도 되기 때문이었다.

궁에 들어간다고 해서 바로 궁녀나인가 되는 것은 아니다. 나인이란 궁궐 안에서 왕과 왕비를 모시는 여성내명부들을 말한다. 나인들은 왕을 모시는 까닭에 혼인을 할 수 없었다. 죽을 때까지 궁에서 일해야 했고 궁을 벗어날 수 없었다.

궁에 들어오면 먼저 견습나인이 된다. 견습나인들은 상궁들에게

일대일로 궁궐의 예절과 말, 걸음걸이 같은 생활 태도를 배운다. 한창 배울 나이인 견습나인에게 상궁은 마치 엄마가 아이를 가르치듯이 하나하나 가르친다. 그렇기에 엄마의 품을 일찍 떠난 견습나인은 상궁을 엄마처럼 여기며 모든 것을 배운다. 글공부도 해야 했다.

견습나인은 상궁을 '스승 항아님'이라 부른다. 상궁의 심부름꾼 역할도 하고, 말벗도 되고, 상궁 앞에서 재롱을 떨기도 한다. 박자혜는 워낙 성격이 활달해서 상궁 앞에서 재롱을 피우며 귀여움을 많이 받았을 것이다.

견습나인은 대개 네 살에서 열여섯 살 사이에 궁궐에 들어온다. 그런 뒤 궁궐에서 15년 동안 교육을 받다가 열여덟 살이나 열아홉 살 정도가 되면 관례를 치르고 정식으로 나인이 된다. '관례'란 조선시대의 성년식을 말한다. 15년이라는 긴 시간 동안 교육을 받고 치르는 관례는 마치 결혼식 같다. 원삼_{흔히 비단이나 명주로 지은 옷으로, 주로 신부나 궁중에서 내명부들이 입음}과 노리개_{몸치장으로 옷에 다는 물건}, **화관**_{칠보로 꾸민 여자의 관으로 화관족두리라고도 힘}에 잔치 음식까지 준비하여 일생에 단 한 번뿐인 관례를 화려하게 치른다. 관례를 치러 정식 나인이 되면 월봉_{급여}도 받고 품계_{여러 벼슬자리에 대하여 매기던 등급}도 받는다.

정식 나인이 된 지 다시 15년이 지나면 상궁이 된다. 상궁은 6품 이상의 벼슬을 받는다. 당연히 월봉도 오르고, 살림집도 따로 받는다. 계산해 보면 견습나인에서 정식 나인이 되고, 더 나아가 상궁이 되기까지는 30년이라는 긴 시간이 걸린다.

궁궐의 안살림을 맡아서 하는 이들은 궁녀였다. 궁녀가 하는 일은 매우 다양하고, 일의 종류에 따라 부서도 달랐다. 부서는 왕을 모시는 최고의 신분인 지밀, 바느질을 하는 침방, 자수를 놓는 수방, 요리와 빨래 같은 일을 하는 세수간, 생과·전과·다식·죽 따위의 별식을 맡는 생과방, 음식을 만드는 소주방, 빨래나 다듬이질·다림질 따위를 맡는 세답방, 이렇게 일곱 개로 나누어 있었다.

조선은 신분 사회여서 궁녀들은 출신 신분에 따라 하는 일이 달랐다. 중인 출신 궁녀들은 지밀이나 침방, 수방에서 일을 했고, 상민 출신 궁녀들은 세수간이나 생과방, 소주방, 세답방에서 일했다. 아버지가 중인이었던 박자혜는 지밀, 침방, 수방 중 한 군데에서 일했을 것이다.

궁녀들은 업무 배치를 받으면 그 부서에서 필요한 전문 훈련을 받았다. 지밀에서는 일상생활에서 알아야 하는 몸가짐과 궁중에서 쓰는 용어 따위를 배웠다. 한글, 소학, 열녀전, 규범, 내훈 따위는 필수 과목이었고, 한글로 궁체 쓰는 법도 배웠다. 침방이나 수방에서도 한글과 소학을 공부했다. 만약 지밀에서 사람이 필요하면 침방이나 수방에서 뽑아 데려가기도 했다.

박자혜도 전문적인 업무는 물론 한글과 소학도 익혔다. 궁녀가 되기 위해 궁에서 필요한 전통적인 유교 교육도 받았다. 박자혜를 가르친 상궁은 조하서였다. 조하서는 나인으로는 처음 신학문을 배운 사람이었다. 재능도 뛰어나고 인품도 훌륭해 윗사람들의 신임을 받는 상궁이었다. 그는 박자혜가 잘할 수 있도록 옆에서 많이 챙겨 주었다. 나중에 박자혜에게 새로운 학문을 배우라며 숙명여자고등보통학교를 추천하기도 했다.

궁에서 쫓겨나는 박자혜

어린 나이에 궁에 들어온 박자혜는 모든 게 낯설었다. 다행히 원래 성격이 좋아 궁 생활에 금방 익숙해졌다. 하루하루 지날수록 앞으로 자기 일을 잘 해내는 멋진 궁녀가 될 생각에 마음이 부풀었다.

그러던 어느 날부터 궁 안의 분위기가 뒤숭숭해졌다. 나이 많은 궁녀들도 따로 모여 수군거리는 일이 잦았다. 어린 나이에도 어딘가 이상하다는 걸 느낄 수 있었다.

19세기 말에서 20세기 초반에 세계 정세는 빠르게 바뀌었다.

유럽은 산업혁명을 겪고 나서 국력이 막강해지자 해외로 눈을 돌렸다. 유럽 국가들은 아프리카와 중동을 거쳐 아시아 지역에까지 식민지 수탈의 손을 뻗쳤다. 특히 중국과 한반도를 노렸다. 중국과 조선은 발전이 더디고 힘이 약했다.

그 무렵 일본은 서구 문화와 기술을 받아들여 빠르게 산업화하면서 이미 새로운 세력으로 떠올랐다. 힘을 점점 키우던 일본은 러시아와 전쟁1905년을 벌여 승리하면서 국제 사회에서 강대국으로 확실하게 인정받았다. 러일 전쟁 승리로 자신감을 얻은 일본은 유럽 국가들처럼 자기 세력을 한반도와 중국으로 확장하려고 했다. 세계 정세를 알지 못했던 중국과 조선은 외세의 공격을 막아 낼 힘을 갖추지 못했다.

대한제국1897년부터 1910년까지 사용한 우리나라의 국호은 외부 침략과 내부 혼란으로 어수선했다. 일본은 이런 기회를 틈타 대한제국과 강제로 을사늑약1905년을 체결했다. 이를 근거로 일본은 대한제국의 외교권을 빼앗고, '보호권'을 주장하며 우리나라를 실질적으로 지배하기 시작했다.

서서히 이빨을 드러내던 일본은 끝내 대한제국의 국권을 강제로 빼앗았다. 그 치욕스러운 날은 1910년 8월 29일이었다. 이로써 대한제국은 일본의 식민지가 되었다. 무능한 집권 세력 때문에 저항다운 저항 한번 제대로 해 보지도 못 하고 하루아침에 나라를 빼앗기고 말았다.

경술년1910년에 나라를 잃는 국가적 치욕을 겪었기에 이날의 일을 '경술국치'라고 부르기도 했다. 1910년 8월 29일, 우리나라 사람이라면 결코 잊지 못할 치욕스러운 날이다.

이날 이후 조선한일병탄으로 '대한제국'이라는 국호는 사라지고 다시 '조선'이라는 명칭이 사용됨은 법이나 생활방식 등이 모두 바뀌었다. 조선 사람이라면 누구에게나 큰 영향을 미쳤다. 박자혜도 예외가 아니었다.

1910년 12월 30일에 일본은 '황실령 34호'로 '이왕직관제'라는 것을 반포했다. '이왕직'이란 '이왕직관제'에 의해 새로 설치된 기관으로, 일제 강점기 때 조선 황실에 관한 일을 맡아보았다. 이왕직이 설치되면서 조선 황실에 관한 모든 업무는 일본 궁내대신의 업무로 바뀌었다. 다시 말해 조선 황실의 업무가 일본 궁내성 소속의 이왕직으로 이동한다는 내용을 담은 것이 '이왕직관제'이다. 일본 궁내성은 일본 황실에 관련된 일을 맡아보던 곳이다.

이 법은 1911년 2월 1일부터 시행되었다. 이에 따라 궁궐에서 일하던 직원들은 1911년 1월 30일에 모두 해고 통보를 받았다.

"이왕직관제가 반포되었으니, 궁에서 일하던 사람들은 궁을 나가시오."

하루아침에 해고된 직원은 궁 내부 직원이 326명, 고용직으로 일하던 사람이 340여 명이었다.

박자혜도 이때 이들과 같이 해고되었다. 그야말로 느닷없이 궁을 나가야 하는 상황이었다. 궁에서 일한 지 어느덧 10여 년이 흘렀다. 박자혜는 아기나인 나인이 되기 위하여 어려서 궁에 들어온 아이 으로 궁궐에 들어오던 때가 떠올랐다. 옛 생각을 하며 입던 옷가지와 얼마 되지 않는 짐을 싸자니, 나라 잃은 설움이 확 몰려왔다.

"나라 잃은 설움이 이런 것이로구나."

옆에서 짐을 싸던 다른 궁녀들도 앞으로 어떻게 살아가야 할지 걱정이 되어 절로 한숨을 쉬었다. 한숨과 탄식은 궁 곳곳에서 새어 나왔다.

박자혜는 다행히 지낼 곳을 어렵지 않게 마련했다. 평소에 자신을 가르치고 챙기던 상궁 조하서가 자기 집에서 지내자고 했다. 그렇게 궁에서 쫓겨난 박자혜는 북부 북장동 26-8번지에서 조하서와 함께 살았다.

조하서는 세 살 때 부모를 잃었다. 그 뒤 헌종의 계비_{임금이 다시 장가 가서 맞은 아내} 효정 왕후전의 제조상궁이었던 고모 덕분에 네 살 때 아기나인이 되어 궁궐에 들어왔다.

그러던 중 1907년 12월에 대한제국의 마지막 황태자 이은이 일본으로 유학을 갈 상황이 되었다. 실은 볼모로 가는 것이었다. 이은을 따라갈 궁녀가 필요했는데, 이 궁녀들은 근대식 교육을 받아야 했다. 황실은 덕수궁과 경복궁의 궁녀 열여섯 명을 뽑아 명신여학교에서 근대적인 교육을 받도록 했다. 조하서는 김태숙, 안덕길 등과 함께 교육을 받았다.

조하서는 근대적 교육을 받은 사람답게 박자혜에게 앞으로 험한 세상을 살아가려면 여자들도 배워야 한다고 말했다.

조하서의 말에 박자혜는 솔깃했다. 궁에서 전통적인 교육만 받았던 박자혜는 새로운 학문을 배우고 싶었다.

숙명여자고등보통학교에 입학하다

박자혜는 한참 대답을 하지 못하고 고민에 빠졌다. 학교에 다닐 만한 형편이 되지 못한 탓이었다. 이를 보고 조하서가 다시 말했다.

"여자도 배워야 해. 기술도 있어야 하고. 학교에 가서 근대식 교육을 받아 보지 않을래?"

"학교요? 잘 모르겠어요."

"숙명여학교라고 있어. 거기에 기예과가 있는데, 너한테 잘 맞을 거 같아."

조하서와 말을 주고받으면서도 박자혜는 머릿속이 복잡했다. 그러다가 입을 옹다물더니 마음을 정한 듯 말했다.

"좋아요. 저도 이제 주체적으로 제 인생을 살아 보고 싶어요."

박자혜는 조하서가 추천한 대로 숙명여자고등보통학교 숙명여학교 기예과에 입학했다.

당시 숙명여학교는 본과와 기예과로 나누어 학생을 가르쳤다. 박자혜는 이 학교의 핵심 과정인 본과에서 공부하고 싶은 마음도 없지 않았으나 당장 박자혜에게 제일 필요한 건 직업이었다. 박자혜는 미련 없이 기예과에 들어갔다.

기예과는 1908년에 만들어진 '고등여학교령'에 따라 설치된 학과였다. '고등여학교령'에서는 기예과를 두어 열두 살 이상의 여자에게 재봉과 수예를 가르치고, 수업 기간은 3년으로 한다는 조항이 있었다. 기예과 제1회 졸업생들은 1910년 4월에 입학하여 1912년 3월에 졸업했다.

숙명여학교의 처음 이름은 명신여학교였다. 이 학교는 1906년에 고종의 후궁인 순헌황귀비_{순헌황귀비는 엄귀비, 엄비 등으로도 불리며, 고종의 후궁이자 영친왕 이은의 생모}의 후원으로 이정숙이 설립했다. 이정숙은 갑신정변_{1884년에 김옥균과 박영효 등 개화 세력이 민씨 일파를 몰아내고 혁신적인 정부를 세우기 위해 일으킨 사건} 때 급진개화파_{조선 말기에 정치 제도를 혁신하고 사상과 풍속을 개화시켜 자주 독립 국가를 세우려 했던 세력으로, 이들이 주도해 갑신정변을 일으킴}에 의해 목숨을 잃은 조영하의 부인이다. 평소에 여성도 교육을 받아야 한다고 생각하던 이정숙은 엄귀비의 후원을 받아 명신여학교를 설

립하고, 초대 교장으로 취임했다. 명신여학교는 황실에서 세운 학교라는 자부심과 긍지가 있었다.

황실에서는 궁녀들의 근대식 교육을 명신여학교에 의뢰했고, 명신여학교 학생들은 황실 행사에 참석했다. 학교와 황실은 서로 긴밀한 관계를 유지했다.

박자혜는 1911년에 발표된 '제1차 조선교육령'에 따라 3년 과정을 마치고 1914년에 학교를 졸업했다. 함께 졸업한 제2회 졸업생으로는 김원자, 김숙당, 백혜상, 엄순향 등이 있다.

우리나라 첫 민족 여성 교육기관

대한제국 황실은 우리나라의 힘으로 만든 여성 교육기관이 있어야 한다고 생각하여, 1906년에 용동궁_{조선 명종의 맏아들 순회세자의 궁으로, 오늘날 종로구 수송동에 있던 숙명여고 옛터에 있었다} 터에 학교 터를 정하고 명신여학교를 세웠다.

학교를 운영하는 데 필요한 돈은 엄귀비와 영친왕이 내려 준 황해도, 전라남도, 경기도 등 3도와 신천, 은율, 완도 등 6군의 농경지 수익금을 사용했다. 명신여학교는 외국 자본이 아니라 오직 우리 힘으로 일으킨 최초의 민족 여성 교육기관이다. 우리나라에서 처음으로 한국인이 교장을 맡기도 했다. 첫 입학생으로는 11~26살의 여학생 다섯 명을 뽑았다.

우리나라 역사에서 처음으로 황실의 막대한 지원으로 세워진 명신여학교는 이후 1908년에 명신고등여학교로, 1909년에 숙명고등여학교로 이름을 바꾼다. 1910년에 제1회 졸업식을 하고, 기예과를 병설한다. 이후 다시 1911년에 숙명여자고등보통학교로 이름이 바뀌는데, 오늘날 숙명여자대학교의 전신이다.

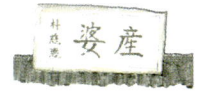

2
간호사가 되어
독립운동에 참여하다

"간호사가 된 박자혜는 조선총독부의원에서
3·1만세 운동을 맞닥뜨렸다. 만세 운동 부상자들을
치료하면서 조선이 독립되어야 함을 절실히 깨달았다.
간우회를 만들고 독립운동을 하면서
박자혜는 새로운 인생을 맞이한다."

먹고살기 위해 선택한 간호사

학교를 졸업하면 모든 일이 술술 잘 풀릴 줄 알았다. 그런 기대와 현실은 너무 달랐다. 숙명여학교를 졸업했으나 먹고살 길은 여전히 막막했다. 나라가 가난하여 일자리가 없었던 탓이다.

그런 상황에서 공부를 더 하고 싶은 마음도 들었다. 다만 그것은 바람일 뿐 어른이 되었으니 이제 자기 인생은 스스로 책임져야 했다. 혼자 살아가려면 돈을 벌 수 있는 확실한 직업이 필요했다.

그 당시 여성들이 할 수 있는 일은 제한되어 있었다. 전문적인 일을 하는 것 자체가 어려웠고 기회도 없었다.

주로 옷감을 짜거나, 천에 수를 놓거나, 삯바느질하거나, 남의 집 아이를 돌보거나, 쌀을 고르는 일이나 길쌈 같은 집안일을 대신하거나, 굴을 따거나 누에를 치거나 홍삼을 만드는 일을 했다. 음식이나 광주리 같은 것들을 팔기도 했다.

남성 중심의 사회였으나 남자들도 전문 직업이 많지 않던 시대였다. 그러니 여자들의 전문직은 말할 필요가 없을 정도로 드물었다.

이때 직업도 갖고 싶고 공부도 더 하고 싶은 박자혜에게 더없이 좋은 기회가 찾아왔다.

　조선총독부의원 부속 의학강습소에서 학생을 모집했다. 간호부과인데, 선발 학생 수 중 30퍼센트를 조선인 학생으로 뽑았다. 졸업한 뒤에는 2년간 의원장이 지정한 업무에 종사하는 조건으로 학자금도 지원해 준다고 했다.

　가장 큰 걱정인 학비는 신경 쓰지 않아도 된다는 게 무엇보다 마음에 들었다. 게다가 졸업한 뒤에 취직까지 시켜 준다니, 박자혜에게는 이보다 안성맞춤인 조건이 없었다. 당연히 마다할 이유가 하나도 없었다.

　숙명여학교를 졸업하고 1년여 뒤인 1915년에 박자혜는 다시 조선총독부의원 조산부 양성소에 입학했다. 조산부 양성소에서 배우는 과목들은 하나같이 낯설었다.

　박자혜가 기예과에 이어 조산부 양성소를 선택한 이유는 단 하나였다. 살아가는 데 필요한 돈을 벌어 삶을 스스로 책임지고 싶었기 때문이다. 당당한 인간으로 주체적인 삶을 살고 싶었다.

　산파아이를 낳을 때 아이를 받고 산모를 도와주는 일을 직업으로 하던 여자는 전문의료인이라 전문가가 되고 싶었던 꿈을 펼칠 수 있는 좋은 기회였다.

게다가 여성이 하는 일 중 사람들이 바라보는 시선도 괜찮은 편이었다. 졸업한 뒤에는 조산원_{아이 낳는 일을 돕는 곳}도 열 수 있으니 그야말로 도랑 치고 가재 잡는 격이었다.

간호학은 박자혜가 전혀 모르는 새로운 세계이자 새로운 문물이었다. 그렇다고 새로운 학문을 두려워하지 않았다. 오로지 자기의 생각으로 스스로 선택한 길이었기 때문이다. 박자혜는 어떤 모습일지 알 수 없는 새로운 길에 씩씩하게 들어섰다.

대한제국은 1907년에 종합의료기관인 대한의원_{국립병원, 지금의 서울대학병원}을 세웠다. 대한의원은 1910년 한일병탄 뒤에 조선총독부의원으로 바뀌었다.

일본에 국권을 거의 빼앗기다시피 한 조선 말기에 사회적으로 어린이 양육에 관심을 쏟는 분위기가 만들어졌다. 그 이유는 국권을 회복하고 나라를 강하게 만들기 위해서는 어린이부터 건강하게 잘 길러야 한다고 생각했기 때문이다. 이런 생각이 퍼지면서 끝내는 중요한 사회 과업이 되었다.

나라의 미래를 책임질 어린이들이 건강하게 자라고 교육을 잘 받으려면 무엇보다도 여성의 임신과 출산 문제가 중요하다는 데 의견

이 모이기 시작했다. 이는 점차 모유 수유와 간호가 중요하다는 생각으로 이어졌고, 관심이 커지는 직업도 생겨났다. 바로 산파였다.

이런 사회 분위기 속에서 1909년 1월 9일, 조선총독부의원 안에 조산부 양성소가 만들어졌다.

이보다 앞선 1908년에도 산파를 기르는 기관을 설립하려 했으나 성공하지 못했었다. 이렇게 어렵게 세워진 조산부 양성소가 1년 만에 폐지될 위기에 놓이기도 했다. 돈이 부족해서였다.

그래도 돈깨나 있고 명망 있는 사람들이 도와주고, 기생조합 같은 데에서 돈을 모아 보내 준 덕분에 겨우겨우 유지될 수 있었다. 조산부 양성소가 이때 사라졌다면 박자혜도 전혀 다른 삶을 살지 않았을까?

숱한 고비와 위기를 넘기면서 조산부 양성소에 기쁜 일이 찾아왔다. 1912년 제1회 졸업생 7명을 시작으로 1913년에 6명, 1915년에 4명이 졸업하는 성과를 냈다. 그때 사정으로 보면 믿기 힘들 만큼 엄청난 성과였다.

1914년에는 조선총독부_{일본이 1910년부터 1945년까지 우리나라를 지배하기 위하여 설치했던 최고 행정 관청으로 식민 통치의 중추 기관}가 산파 규칙을 새로 내

놓았다. 간단히 말해서 산파가 될 수 있는 자격을 정해 놓은 규칙이었다.

그들이 말한 자격은 '1. 20세 이상의 여자로 산파 시험에 합격한 자, 2. 총독부 의원이나 각 도 자혜의원1909년에 세워진 근대식 국립 의료원의 조산부과를 졸업한 자로 위원장이 준 조산부 적임증서를 가진 자, 3. 조선 총독식민지 통치 기구의 우두머리이 지정한 학교나 조산부 양성소를 졸업한 자'였다.

박자혜는 이 규칙이 만들어진 뒤에 조산부 양성소에 들어갔다. 1916년 11월에 조산부 양성소를 졸업하며 간호부와 산파 면허 자격을 받았다.

산파 규칙의 세 번째 조건을 충족한 박자혜는 드디어 그토록 바라던 일자리를 구했다. 조선총독부의원 산부인과의 간호부간호사였다. 조선총독부의원에는 내과, 외과, 안과, 소아과, 이비인후과, 피부과와 더불어 산부인과가 있었다.

1910년 9월 29일, 일본은 조선총독부의원 의원장에 일본 육군 군의감군대에서 의사의 임무를 맡는 장교 중 최고 책임자을 임명했다. 병원장에 일본 군인을 임명한 것이다. 게다가 임직원들도 일본인으로 채웠을

뿐만 아니라 의사와 간호사도 대부분 일본인을 채용했다. 그러다 보니 병원에 조선 사람이 설 자리는 없었고, 조선 사람의 수는 형편없이 적었다.

　1910년부터 1919년까지 이 병원에서 간호부로 근무했던 사람들은 모두 1,084명이었다. 그중 조선 사람은 고작 174명이었다. 조선에 있는 병원인데, 이곳에 근무하는 조선인 간호사들은 전체 간호사의 16퍼센트 정도만 차지할 뿐이었다. 그 정도로 병원에서 일하는 사람들은 대부분 일본인이었다.

　간호사는 의사에 비하면 그래도 그 수가 많은 편이었다. 조선총독부의원의 의사 중 조선 사람은 내과의 김용채, 산부인과의 김달환, 외과의 신창엽, 소아과의 권희목, 피부과의 김형익, 연구과의 김영오뿐이었다.

　의사나 직원뿐만이 아니었다. 이 병원을 찾는 사람들도 대부분 일본 사람이었다. 조선총독부의원은 조선인을 심하게 차별했고, 평등한 대우를 바라는 건 생각도 못 했다.

　근대적 의료 시설을 갖춘 조선총독부의원은 조선에 있으나 사실상 조선 사람들보다는 일본 사람들을 위한 시설이었다. 조선 사람들은 이 근대적 의료 혜택을 받을 수 없었다.

병원의 이러한 차별과 불평등에 박자혜는 불만이 많았다. 나중에 이는 박자혜가 독립운동에 참여하는 계기가 되기도 했다.

1910년 조선에 무슨 일이?

1904년에 한반도와 만주를 둘러싸고 러시아와 일본 사이에 전쟁러일 전쟁이 벌어졌다. 전쟁은 일본의 승리로 끝났다. 그러자 일본은 서구 열강여러 강한 나라에 조선을 일본이 보호하겠다고 제안하고 이에 동의를 얻는다. 우리나라는 어떤 나라에도 보호를 요청한 적이 없는데, 일본과 서구 열강은 제멋대로 결정했다.

이를 바탕으로 1905년에 일본은 조선과 강제로 을사늑약을 맺어 조선의 외교권을 빼앗았다고종 황제의 옥쇄, 즉 도장이 찍히지 않았기 때문에 이 조약은 무효이다. 5년여 뒤인 1910년 8월 29일에 일본이 조선을 병탄하면서 조선은 일본의 식민지가 되고 말았다.

조선을 강제로 빼앗은 뒤 일본은 조선을 마음대로 다스리기 시작했다.

조선에서 쌀과 나무는 물론이고 가져갈 수 있는 모든 자원을 빼앗아 갔다. 근대적 교육을 핑계로 조선 사람을 일본 사람처럼 만들려고 했다. 언론을 감시할 뿐만 아니라 우리 민족 산업을 억압하고, 전쟁에 필요한 군수품을 확보하기 위해 조선 사람들을 강제로 동원했다.

일본은 온갖 방법으로 조선 사람들을 정신적으로나 물질적으로나 황폐하게 만들었다.

일본에 나라를 완전히 빼앗기기 전부터 이러한 상황에서 벗어나야겠다고 생각하는 사람들이 많았다. 그러다가 실제로 나라를 빼앗기자 이들은 본격적으로 독립운동을 벌였다. 독립의군부, 대한광복군 광복회, 조선국권회복단 중앙본부, 조선국민회, 조선산직장려회, 자립단, 송죽회를 비롯해 수많은 독립운동 단체가 만들어졌다.

독립의 열망이 커지고 독립운동이 활발해지자 일본 경찰의 감시도 점점 심해졌다. 이 때문에 한반도 안에서 독립운동을 벌이기가 어려워졌다. 뜻 있는 애국지사들은 독립운동을 계속하기 위해 해외로 망명했다. 만주, 중국, 연해주, 미국 등지에 독립운동의 거점을 만들고 일본을 조선에서 몰아내기 위한 행동에 들어갔다.

그와 더불어 나라 안에서는 해외에서 활동하는 독립지사들을 지원하고 연대하며 후원했다. 물론 이는 모두 비밀리에 진행했다. 일본 경찰에 들키면 감옥에 갇히거나 고문을 당하고 처형되기 때문이었다. 우리나라 독립지사들의 독립운동을 막는 일이라면 일본은 물불을 가리지 않았다. 그들은 무자비했다.

1918년에는 미국의 우드로 윌슨 대통령이 민족 자결주의를 발표했다. 민족 자결이란 한 민족이 다른 민족이나 국가의 간섭을 받지 않고 자신의 정치적 운명을 스스로 결정해야 한다는 뜻이다. 이 발표는 당시 식민 지배를 받던 나라들에 큰 영향을 미쳤다. 특히 우리나라 사람들에게도 나라를 되찾을 수 있다는 희망을 주었다.

그즈음 이회영, 오세창, 한용운, 이상재 등은 일본 몰래 고종을 국외로 망명시켜 '망명 정부'를 설립할 계획을 세웠다. 고종도 이를 승낙했으나 1919년 1월에 고종이 갑작스럽게 사망하면서 계획은 물거품이 된다.

사람들은 고종의 독살을 의심했고, 이 '독살설'은 삽시간에 퍼졌다. 그야말로 '설'이었으나 조선 사람들의 일본인 증오는 걷잡을 수 없이 커졌다. 일본은 독살설이 사실이 아니라고 했으나 오히려 조선

사람들의 반감만 더 키웠다.

이러한 때에 해외의 독립운동가들이 먼저 움직이기 시작했다. 김구, 여운형, 이광수 등이 중심이 되어 1918년에 상하이에서 조직한 신한청년당은 임시 정부의 외무총장 김규식을, 미주(미국)에서는 이승만 등을 한민족 대표로 파리 강화 회의에 보냈다.

1919년에 제1차 세계 대전을 종결하기 위해 전쟁에서 이긴 나라들이 파리에서 연 회의를 파리 강화 회의라고 부른다. 이 회의에서, 전쟁에서 이긴 미국, 영국, 프랑스가 전쟁에서 진 독일과 오스트리아 등에 전쟁의 책임을 묻는 베르사유 조약을 체결했다. 1918년에 미국의 윌슨 대통령이 주장했던 민족 자결주의가 채택되었다.

1919년 2월 8일에는 일본에서 공부하던 조선 유학생들이 파리 강화 회의에 파견된 대표단을 지지하면서 「2·8 독립 선언서」를 발표했다. 이들은 독립 청원서와 독립 선언서를 여러 나라의 대사관은 물론 일본 정부, 일본 국회, 신문사로 발송하여 일본의 조선 침략 행위를 설명하고 한국의 독립을 주장했다. 「2·8 독립 선언서」는 최남선이 쓴 「3·1 독립 선언서」의 기초가 되었다.

1919년 3월 1일, 조선의 독립을 전 세계에 알리기 위한 「3·1 독

립 선언서」 낭독을 시작으로 만세 운동이 시작되었다. 그 뒤 3·1 만세 운동은 몇 달 동안 전국에서 벌어졌다.

그동안 참았던 울분과 독립을 바라는 열망으로 너도나도 태극기를 들고 거리로 뛰쳐나왔다. 사람들은 목청껏 외쳤다.

"대한 독립 만세!"

"대한 독립 만세!"

삼천 리 방방곡곡에서 만세 함성이 울려 퍼지고 태극기가 물결쳤다. 통계에 따르면 3월 1일 이후 세 달 동안 전국에서 1,542번의 집회가 있었고, 202만 3,089명이 만세 운동에 참가했다고 한다. 당시 조선의 인구가 2천만 명 정도였으니까 10퍼센트 넘는 사람들이 만세 운동에 참여했다는 사실은 놀라울 따름이다. 더 놀라운 사실은 3·1 만세 운동이 비폭력 운동이었다는 것이다.

그럼에도 일본은 총칼을 앞세운 무자비한 폭력으로 3·1 만세 운동을 진압했다. 이때 사망한 사람이 7,500여 명이었고, 다친 사람이 16,000여 명, 경찰에 잡힌 사람이 47,000여 명이나 되었다. 불에 타거나 파손된 주택과 건물은 이루 셀 수도 없었다.

간우회 조직하여 3·1 운동에 참여하다

3·1 만세 운동의 폭력적 진압으로 병원마다 다친 사람들로 발 디딜 틈조차 없었다. 박자혜가 일하는 조선총독부의원도 마찬가지였다. 다친 사람들이 끊임없이 밀려 들어왔다. 순식간에 북새통이 되었다. 부상이 심해 미처 손을 쓰지도 못하고 숨지는 사람도 많았다. 숨

을 거두는 순간까지 "대한 독립 만세"를 외치는 사람도 있었다. 독립은 죽음과도 기꺼이 바꿀 수 있는 마지막이자 간절한 소원이었다.

병원에 들이닥친 환자들을 보자 박자혜도 당황스러웠다. 심하게 다친 사람들을 보니 분노가 치밀었다. 울분을 삼키며 사람들을 치료했다. 밥은 먹는 둥 마는 둥 했고, 잠은 거의 포기해야 했다. 박자혜뿐만 아니라 병원 사람들은 모두 같은 처지였다.

부상자를 치료하느라 몸은 바쁘게 움직이면서도 박자혜는 머릿속으로 이 상황을 차분하게 돌아보았다. 무언가 잘못되었다는 생각이 들었다. 피를 흘리며 만세를 부르는 조선 사람들을 보고 박자혜는 뒤통수를 한 대 세게 얻어맞은 것 같았다.

박자혜는 자기 삶 하나를 책임지기 위해 전문 직업인 간호사를 선택했다. 이와 달리 병원에 실려 오는 사람들은 자기 한 사람의 삶이 아니라 나라를 위해 만세 운동을 하다가 다친 사람들이었다. 과연 지금의 자기 삶이 옳은지, 지나치게 자기 자신만 생각하는 것은 아닌지 의문이 들었다.

일본은 나라를 되찾겠다고 평화롭게 만세를 부르는 사람들을 폭력으로 진압했다. 박자혜는 결코 용서받지 못할 일이라고 생각했다.

생각할수록 분노와 울분이 쌓이고 쌓였다. 게다가 자신이 일하는 곳은 일본이 운영하는 조선총독부의원이었다. 환자도 대부분 일본 사람인 병원에서 일하는 자신에게 새삼 화가 났다.

'왜 우리나라 사람들은 이렇게 부상과 죽음의 공포에도 아랑곳하지 않고 거리로 나와 만세 운동을 벌일까? 왜 나는 일본 사람 밑에서 간호사로 일할까? 왜 나는 일본을 위해 일할까?' 이런 생각을 하면 할수록 자신이 부끄러워 얼굴을 들 수가 없었다.

일본인 간호사들은 만세 운동을 하다가 다친 조선 사람들을 왜 치료해 주느냐고 다그쳤다. 게다가 조선 사람들은 치료비를 떼어먹고 도망갈 사람들이라며 도둑놈 취급을 하는가 하면, 치료도 제대로 해 주지 않았다.

일본인 간호사들의 생각과 태도에 박자혜는 더 화가 났다. 도둑이 도리어 매를 드는 격이었다. 도둑놈은 우리나라를 훔치고 주인 행세를 하는 일본 놈들이면서 말이다.

하루하루 분노와 울분은 쌓여 갔고, 더 이상 생각만 하고 화만 내고 있을 수는 없었다. 박자혜의 가슴속에서 독립운동의 싹이 서서히 움텄다.

일본인들의 비인간적인 모습들을 보며 분노가 치민 사람은 박자혜뿐만이 아니었다. 병원에 있는 조선인 의사와 간호사들도 나라를 빼앗긴 슬픔과 분노를 함께 느꼈다. 박자혜는 직접 만세 운동을 해야겠다고 마음먹었다.

이렇게 마음을 먹고 나니 병원 사람들이 달리 보였다. 분명 무언가를 하고 싶어 하는 사람들이 있음을 느낄 수 있었다. 구체적으로 말하지 않아도 같이 일할 때 서로 주고받는 눈빛이나 표정에서 알 수 있었다.

박자혜는 병원에서 일하는 사람 중에 뜻이 맞는 사람이 있는지 찾아보았다. 이를 위해 먼저, 평소 일의 사리를 잘 밝히고, 옳고 그름을 잘 따지며 말도 잘하는 피부과 의사 김형익과 상의했다.

박자혜는 김형익과 긴밀하게 만세 운동을 준비했다. 그와 동시에 다른 간호사들에게 동맹파업을 같이 하자고 제안했다. 동맹파업이란 노동조건을 개선하거나 정치적 목적을 이루려고 집단적으로 한꺼번에 작업을 중지하는 일을 말한다.

3·1 만세 운동을 이끈 민족 대표 33인의 한 사람이었던 이필주 목사와도 상의하며 모든 일을 진행했다.

그러던 3월 6일, 병원 일이 끝나는 6시쯤에 박자혜는 간호사들을 병원 옥상으로 모이게 했다. 이 자리에서 간호사들에게 만세 운동에 함께 참여하자고 제안했다.

"우리가 비록 일본인들을 위한 병원에서 일하지만 조선 사람들이 당하는 걸 그냥 보고만 있을 수는 없지 않을까요? 우리 간호사들도 뜻을 모아 독립운동을 합시다."

"좋아요."

"좋습니다. 나도 만세 운동을 함께하겠습니다."

"우리 모두 힘을 보탭시다!"

간호사들은 기다렸다는 듯 박자혜의 제안에 동의했다. 만세 운동에 함께하기로 한 조선인 간호사는 네 명이었다.

이들은 먼저 모임의 이름을 논의했다. 누구의 제안이라 할 것도 없이 간호사들의 모임이라는 뜻으로 '간우회'라고 정했다. 쇠뿔도 단김에 빼랬다고, 3월 10일에 거리로 나가 만세 운동을 벌이기로 했다. 사람들에게 나누어 줄 유인물도 만들었다.

박자혜는 조선총독부의원에 일하는 사람뿐만 아니라 다른 병원에서 일하는 의료인들도 만나 함께 파업하자고 이야기했다.

독립적인 삶을 살기 위해 간호사가 되어 열심히 일하던 박자혜의 삶이 바뀌었다. 그는 갑자기 만나는 사람이 많아지고, 눈에 띄게 바빠졌다.

박자혜의 활동은 일본 경찰의 귀에까지 들어갔다. 그만큼 남들의 관심을 끌기에 충분했다.

일본 경찰에 체포되다

일본 경찰이 관심을 가지면 위험했다. 3·1 만세 운동이 전국으로 점점 퍼지고 있어 그들의 신경이 예민해져 있었기 때문이다. 이를 잘 아는 박자혜와 간우회 사람들은 그들의 눈을 최대한 피해 만세 운동을 준비했다.

드디어 3월 10일이 되었다. 간우회 회원들은 거리로 나가 '대한 독립 만세'를 불렀다. 미리 준비했던 유인물도 사람들에게 나누어 주었다.

"대한 독립 만세!"

"대한 독립 만세!"

박자혜와 간우회 회원들은 목이 터져라 만세를 외쳤다.

간우회 회원들의 만세 소리를 듣고 여기저기서 사람들이 하나둘 모여들었다. 모두 감격에 찬 목소리로 만세를 부르며 너도나도 태극기를 흔들었다. 독립을 바라는 마음을 마음껏 소리쳐 외칠 수 있어 무엇보다 기뻤다. 벅차오르는 가슴에 사람들의 만세 함성은 점점 더 커졌다.

평소 박자혜를 감시하던 일본 경찰은 3월 10일에 만세 시위가 벌어지자마자 박자혜를 체포했다. 왜 잡아가느냐며 호통치고 저항했으나 일본 경찰의 무력 앞에서는 소용이 없었다. 결국 박자혜는 다른 간호사들과 함께 유치장에 갇혔다.

일본 경찰은 이들을 한 사람씩 조사했다. 박자혜는 일본 경찰의 질문에 순순히 답하지 않았다. 오히려 당당하게 맞섰다. 만세 부르는 것은 정당한 일인데 왜 죄 없는 우리를 감옥에 가두느냐고 강력하게 따져 물었다.

일본 경찰은 자신들의 위협에도 아랑곳없이 오히려 당당한 박자혜의 모습에 당황했다. 이들은 조선인 감시보고서인 《사찰휘보》에 박자혜를 "과격하고 언변이 능한 자, 총독부의원 간호사 모두를

대상으로 독립 만세를 고창한 주동자"라고 평가했다. 일본이 보기에 박자혜는 이른바 위험인물이었다.

박자혜는 그랬다. 유치장에 갇혔으면서도 대한 독립과 만세 운동의 정당성을 당당하게 말했다.

조선인 간호사들이 유치장에 갇히자 조선총독부의원에는 일할 사람이 부족했다. 만세 운동을 벌인 간호사들은 유치장에 갇혀 있어야 마땅했으나 병원에서는 이들의 손이 필요했다. 이들의 행위가 괘씸해도 의원장은 당장 달리 방법이 없었다. 병원에서 일할 의료진을 어디 가서 구해 온다는 말인가.

조선총독부의원 의원장은 울며 겨자 먹기로 할 수 없이 이들의 신원 보증을 서서 간호사들을 빼내 왔다. 당장 일손이 부족해서 빼내 오기는 했으나 조선인 간호사들이 또다시 어떤 일을 벌이지 않을까 걱정이 앞섰다. 병원에서는 모든 인력을 동원해 조선인 간호사들의 감시를 게을리하지 않았다. 게다가 조선인 간호사들에게 유치장에 한 번 더 갇히면 더 이상 빼내 주지 않을뿐더러 병원에서 해고하겠다고 협박까지 했다.

일본이 운영하는 병원에서 더 이상 일하지 않겠다

감옥에서는 풀려났으나 간호사들은 여전히 울분이 풀리지 않았다. 일본이 운영하고 환자도 대부분 일본인인 이 병원에서 더 이상 일하고 싶지 않았다. 조선인 의사와 간호사, 그리고 직원들은 분통한 생각에 병원을 떠나기로 마음먹었다.

병원을 무작정 그만둘 수도 없었다. 감옥에서 풀려난 뒤 일본의 감시가 부쩍 심해졌기 때문이다. 이들의 의심을 받지 않고 떠날 방안이 필요했다. 고심 끝에 각자 쉬겠다거나 아프다는 핑계를 대기로 했다.

내과의사 김용채는 3월 28일부터 병원에 나오지 않았다. 소아과의 권희목은 3월 30일에 병원을 그만두었다. 산부인과의 김달환은 3월 24일부터, 연구과의 김영오는 3월 26일부터 휴무에 들어갔다. 외과의 신창엽은 이미 3월 5일에 그만두었다.

간우회를 만들어 독립운동에 참여한 간호사들도 부모님의 병을 핑계 대며 하나둘 병원을 떠났다.

박자혜도 조선총독부의원을 떠날 방법을 골똘히 생각했다. 조선총독부의원을 그만둔 뒤에 어떻게 살아갈지도 고민해야 했다.

이번 일로 박자혜는 자신이 이미 일본 경찰의 감시 대상이 되었다는 사실을 알았다. 독립운동은 그만둘 수 없었고, 국내에서는 더 이상 활동하는 것이 쉽지 않았다. 그가 선택할 수 있는 방법은 하나였다. 중국에서 독립운동을 계속하는 것이었다.

독립운동가들이 하나같이 고민했듯 박자혜에게도 망명은 어렵고 두려운 선택이었다. 태어나서 자란 곳, 삶의 터전이 고스란히 있는 고국을 떠나는 일이었다. 스스로 선택하는 험난한 가시밭길이었다.

여러 날 고민한 끝에 박자혜는 결심했다. 중국으로 망명하기로 했다.

이미 만주에 가서 정착해 사는 사람이 생각났다. 그 사람에게 지린성에 사는 아버지가 위독하다는 전보를 병원으로 보내 달라고 부탁했다. 전보는 편지나 소포 대신 간단한 문장으로 급히 전하고자 하는 내용(소식)을 보내는 통신수단이다.

부탁한 대로 박자혜 앞으로 전보가 도착했다. 병원에서는 이 전보가 박자혜가 미리 꾸민 계획인지 알 턱이 없었다. 박자혜는 이 전보로 2주 휴가를 받았다.

박자혜는 누가 볼까 몰래 짐을 싸서 병원을 빠져나왔다. 감시의 눈길을 피해 곧바로 서울역으로 갔다. 그곳에서 펑톈 오늘날의 선양으로 가는 열차에 올라탔다.

간호사들의 독립운동

일본은 강제로 우리나라를 빼앗으면서 조선의 자주권과 생존권을 억압하고 통제했다. 이런 일본의 말도 안 되는 지배에 우리 민족은 저항으로 맞섰다. 1919년에 전국적으로 벌어진 3·1 만세 운동이 대표적인 저항 운동이다.

당시에는 여성들의 사회 활동이 활발하지 않았다. 그럼에도 3·1 만세 운동에는 여성들도 적극적으로 참여했다. 여성들도 조선이라는 나라의 국민이기에 나라의 독립에 힘을 더했다. 여성들은 국내에서뿐만 아니라 해외에서도 활발하게 독립운동을 벌였다.

여성들은 만세 시위 운동, 교육 현장에서 하는 계몽 운동, 사회단체 결성, 노동 운동, 종교 운동 등 남성들 못지않게 다양한 독립운동을 했다. 점차 사회에 전문 직업도 생기고, 여성들도 전문 직업에 진

출하면서 이 전문 분야를 바탕으로 독립운동을 하기 시작했다.

남성 중심적인 사회에서 여성들도 사회 구성원의 일부라는 사실을 깨달은 덕분이다. 우리나라 최초의 여성 비행사 권기옥1901~88이 매우 좋은 예였다. 박자혜도 간호사라는 전문 직업을 가진 독립지사였다.

그 당시 간호사들은 어떤 독립운동을 벌였을까? 그 대표적인 사람은 누구일까?

이들은 일반적으로 여성들이 단합하여 평화적 시위에 참여할 수 있도록 하는 활동에 앞장서기도 했고 이성한, 이정숙, 민족 대표 33인을 비롯한 독립운동 지사들의 독립운동에 적극적으로 협조하기도 했고 김은순, 정종명 등, 평화적인 시위에 참여하여 태극기를 흔들고 독립만세를 부르기도 했다 김안순, 김화순, 노순경, 박원경, 한신광 등. 그 밖에도 민족의 자주독립 의식을 북돋우는 독립운동 노래 〈경성독립비밀단〉을 배포 장운희 등하기도 하며 다양한 곳에서 다양한 방법으로 독립운동을 펼쳤다.

간호사들은 전문직 여성으로서 일한 대가로 번 돈을 모아서 독립운동에 필요한 군자금과 임시 정부 활동 자금을 지원하기도 했다. 모금 활동을 펼쳐 모은 돈을 보내 주기도 했다. 이들은 독립운동가

뿐만 아니라 그 가족들이 살아갈 수 있도록 지원하기도 했다.

이들은 특히 간호사라는 직업을 이용하여 적십자 활동을 했다. 상하이의 대한적십자회의 주도로 아픈 사람들을 치료할 사람들을 모았고, 국내에도 지부를 결성하여 도왔다. 그 덕분에 전쟁터에서 부상병을 치료하거나 서광옥, 간호견습생으로 입대하기도 했다 이애나.

간호사는 다양한 인물과 접촉하기 쉬운 점을 이용하여 병원에서도 독립운동을 벌였다. 일본 장교가 입원한 병실을 드나들며 일본의 군사정보를 알아내기도 하고, 입원한 병사를 통해서 부대를 서로 연결해 주기도 하는 등 간호사의 직업 특성을 잘 살려서 독립활동을 했다.

간호사의 독립운동은 일본이 패망하는 1945년까지 계속되었다.

중국으로 망명하다

병원을 빠져나와 서울역으로 가는 동안 박자혜는 가슴을 졸였다. 남몰래 계획한 일이었으나 자신이 감시 대상이라 일본 경찰이 언제 눈치챌지 몰랐다. 서울역에 도착해서야 한숨을 돌렸다. 서울역의 많은 사람 속에 몸을 숨기자 주변을 돌아볼 여유도 잠시 생겼다.

펑톈은 만주의 대표적인 도시로, 중국 내륙에서 한반도로 통하는 요충지였다. 서울에서 평양까지 거리의 세 배 정도 되는 먼 곳이었다.

여성 혼자 그 먼 곳으로 간다고 하면 의심을 받을 수도 있었다. 그래도 박자혜가 누구인가. 일본이 '과격하고 언변이 능하고, 총독부 의원 간호사 모두를 대상으로 독립 만세를 고창한 주동자'라고 했던 인물이 아닌가. 박자혜는 침착하게 행동했다. 그를 의심하는 사람은 없었다.

펑톈으로 가는 기차에 오르자 긴장이 조금 풀렸다. 기차에서 깊은 잠은 들 수 없었으나 가는 동안 피곤했던 몸을 회복할 수 있었다.

드디어 박자혜는 중국 펑톈에 도착했다. 조선을 한 번도 떠난 적이 없던 박자혜는 펑톈의 모습이 낯설었다. 평생 들었던 익숙한 조선말은 들리지 않고 잘 알 수 없는 중국어만 소란스럽게 들렸다.

다행히 펑톈에 도움을 부탁할 사람이 있었다. 펑톈에서 동래상회라는 정미소를 운영하는 우응규였다. 서울을 떠나오기 전에 독립운동가 한 분이 그를 찾아가라고 미리 귀띔해 주었다. 우응규는 정미소를 운영했지만, 사실 그의 정체는 임시 정부 연락원이었다. 특히 조선에서 중국으로 망명하는 독립운동가들을 지원하는 활동을 했다.

박자혜는 우응규가 운영하는 정미소를 찾아갔다. 정미소가 없어졌으면 어떻게 하나, 우응규가 자리를 비웠으면 어떻게 하나 걱정이 앞서기도 했다. 다행히 이는 쓸데없는 걱정이었다.

우응규에게 자신이 서울에서 간우회를 조직하고 만세 운동을 하다 일본 경찰에 체포되었다가 풀려났으며, 그 때문에 조선에서는 더 이상 독립운동을 할 수 없어 중국으로 오게 되었다는 그동안의 이야기를 모두 풀어놓았다.

자신이 일하던 병원에도 알리지 않고 도망치듯 중국으로 오긴 했는데 어떻게 해야 할지 모르니 도와 달라고 부탁했다. 묵묵히 듣기만 하던 우응규가 얼굴에 미소를 띠며 말했다.

"그런 훌륭한 일을 하셨군요. 앞으로 제가 도와드리겠습니다."

이미 많은 독립운동가를 도와주었던 터라 우응규는 이들을 도울 방도를 잘 알았다. 신채호도 우응규의 도움을 받은 적이 있었다.

우응규는 먼저 박자혜에게 펑톈에서 머물 수 있는 숙소를 소개해 주었다. 박자혜는 서울에서 얼마나 멀리 떨어져 있는지조차 가늠하기 힘든 낯선 땅에서 첫날 밤을 보냈다. 무엇을 해야 할지, 어디로 가야 할지, 도무지 감이 잡히지 않았다. 그래도 하루하루 지내면서 마음은 안정을 되찾았고, 낯선 땅의 생활도 조금씩 익숙해졌다.

그렇게 20여 일이 지난 어느 날이었다. 우응규가 박자혜를 찾아와 편지 한 통을 건넸다.

"베이징으로 가서 편지에 적힌 분을 찾아가세요. 그분에게 이 편지를 보여 주세요."

우응규는 베이징으로 가는 경비도 잊지 않고 챙겨 주었다. 박자혜는 자기 생각을 들킨 것 같아 놀랐다. 우응규의 보살핌과 배려가 너무나 고마웠다. 아는 사람이 하나도 없는 머나먼 다른 나라에서 이렇게 도움을 받으니 박자혜는 감격스러웠다. 조선이 일본의 손아귀에서 벗어나는 그날을 위해 독립운동에 자신을 바치리라 다짐했다.

박자혜는 우응규와 헤어져 베이징으로 가는 기차에 올라탔다. 서울에서 펑톈으로 올 때처럼 다시 가슴이 벅차올랐다. 우응규가 준 편지를 다시 꺼냈다.

편지는 박자혜가 간호사였으니 전문적으로 더 공부해도 좋을 것 같다며 옌징 대학에 편입학할 수 있도록 부탁한다는 내용이었다. 독립운동을 하는 선배들이 조국의 독립을 위해 얼마나 치밀하게 준비하고 대비하는지 놀라울 따름이었다.

박자혜는 차창 밖으로 시선을 돌렸다. 고국의 하늘과 다르지 않은 하늘을 쳐다보며 다시 한번 결심을 다졌다.

"조선의 독립을 위해서라면 이 한 몸 아끼지 않으리라."

축구부를 만들고 주장을 맡다

펑톈과 베이징의 거리는 서울에서 펑톈까지 가는 거리보다도 더 멀었다. 고된 여행이었으나 박자혜는 자신의 앞날을 그리느라 힘든 줄 몰랐다.

베이징에 도착한 박자혜는 곧바로 우응규가 소개해 준 사람을 찾아갔다. 박자혜를 만나서 이야기해 본 사람들은 곧 그의 됨됨이를 알아보았다. 워낙 활달한 성격이라 붙임성도 좋았다. 베이징에 먼저 자리 잡은 선배 망명객들은 무엇이든 열심히 하는 박자혜를 나서서 도와주었다. 무얼 하든 진심을 담아 열정적으로 하는 사람은 도와주는 사람이 많은 법이다.

박자혜는 이들의 도움으로 옌징 대학 의예과에 입학했다. 박자혜는 이를 악물고 열심히 공부했다. 자신이 먼 중국 땅에서 이렇게 공부할 수 있는 건 행운이라 생각하고, 이 공부가 독립에 밑거름이 되기를 바랐다.

어려서부터 밝고 활달한 성격 덕분인지 박자혜는 몸으로 하는 운동도 좋아하고, 새로운 것에 도전하는 것도 좋아했다. 게다가 한번 하겠다고 마음먹으면 꼭 해내고야 마는 성격이었다.

옌징 대학에 다니면서 오로지 공부에만 빠져 지내지는 않았다. 옌징 대학 역사에 길이 남을 사건을 만들기도 했다. 박자혜가 이 대학에 여자 축구부를 만든 것이다. 그때는 여자가 축구를 한다는 것은 상상조차 못 하던 시절이었다. 우리나라에서 조선축구협회가 만들어지면서 본격적으로 축구 역사가 시작된 때가 1930년대였다. 그러니 박자혜가 여자 축구부를 만든 일은 가히 충격적인 사건이 아닐 수 없었다.

조선 시대 남자들은 운동에 전혀 신경 쓰지 않았다. 오죽하면 웃지 못할 일화도 있었다.

서양 선교사들이 조선에 와서 테니스를 쳤다. 땀을 뻘뻘 흘려 가며 열심히 테니스를 치는 것을 본 조선의 양반들이 다음과 같이 말했다고 한다.

"왜 그렇게 힘들게 운동하느냐? 운동은 하인들을 시키고 우리는 그저 구경하면 되지."

이 일화가 잘 말해 주듯이 조선에서는 몸을 쓰는 운동을 하는 사람이 거의 없었다. 그 당시 우리나라는 나라를 잃은 슬픔에 잠겨 있던 시기라 운동에 신경 쓸 겨를이 없기도 했다.

박자혜는 달랐다. 이런 편견을 과감히 깼다. 그는 어려운 시기일수록, 일본에 억눌리지 않고 저항할 수 있는 힘을 길러야 한다고 생각했다. 조선 사람들 모두가 건강해져서 힘으로 일본을 눌러야 한다고 여겼다.

게다가 여자라고 운동을 못하라는 법은 없다고 주장했다.

"여자라고 축구하지 말라는 법이 어디 있나? 우리도 축구부를 만들어 보세!"

학생들을 설득했다. 처음에는 쉽지 않았다. 중국도 조선 못지않게 사회적 편견이 뿌리 깊었다. 그래도 포기하지 않고 끈질기게 설득한 끝에 마침내 축구부를 만들었다.

그렇게 옌징 대학에 여자 축구부가 만들어졌다. 축구에 열정이 남달랐던 박자혜는 주장까지 맡아 팀을 이끌었다.

분위기가 안 좋아 바꾸고 싶을 때면 박자혜는 동료들을 부추겨 공을 들고 운동장으로 나갔을 것이다.

"친구, 우울하게 앉아만 있지 말고, 나가서 축구 한번 해 보자고!"

머뭇거리던 친구들도 박자혜의 제안에 함께 운동장으로 나가 땀범벅이 될 정도로 공을 찼을 것이다. 박자혜는 자신이 힘껏 찬 공이 골문 안으로 들어갈 때 일본 한복판에 폭탄을 던지는 것 같은 쾌감을 느끼지 않았을까.

박자혜는 주장으로서 리더십도 있고, 사람들에게 긍정적인 영향력을 미치는 사람이었다.

안타깝게도 박자혜가 옌징 대학에서 여자 축구부를 만들고 주장을 했다는 기록은 있지만, 아직 더 발견된 자료가 없어서 그 자세한 이야기는 알 수 없다.

일제 강점기 시절에 독립운동하던 사람들은 기록을 남길 수가 없었다. 일본 경찰에 단순한 메모라도 넘어가면 독립군을 찾아내기 위해 샅샅이 뒤질 것이기 때문이다. 박자혜도 간우회와 3·1 만세 운동

참여로 감시 대상이었기에 그의 행적은 기록으로 남길 수 없었다.

가능성은 희박하지만, 박자혜와 그 동료들이 축구부를 만들고 함께 활동했던 모습 등에 대한 기록이 어딘가에 남아 있을지도 모른다.

일제 강점기 때 우리 독립운동가들은 상상할 수도 없을 만큼 힘겨운 삶을 살았다. 개인의 자유를 누리는 일은 꿈도 꾸지 못했다.

박자혜는 대학 생활을 하면서도 자기가 공부하는 이유를 잊지 않기 위해 늘 가슴에 새기고 새겼다. 틈틈이 독립운동가들도 만나 이야기를 나누고 독립의 의지를 불태웠다.

조국을 떠나 중국이나 연해주 같은 해외에서 독립운동하는 지사들의 어려움을 박자혜도 몸소 느꼈다. 앞으로 독립운동을 어떻게 해야 할지 고민하며 독립운동을 하는 데 도움이 될 만한 강연이 있으면 열심히 들으러 다녔다. 많이 알아야 잘할 수 있다고 생각했기 때문이다.

1920년 4월의 어느 날이었다. 베이징에 봄기운이 서서히 퍼질 때였다. 박자혜는 궁에 있을 때부터 알고 지내던 조 판서의 딸 조계진을 만났다.

조계진은 흥선 대원군의 둘째 사위 조정구의 딸이었다. 조정구는

예조 참판과 왕실 의례를 담당하는 서리 대신을 지내고, 왕실 비서실장이라 할 수 있는 기로소비서장직을 지낸 인물이었다. 조계진은 1918년에 독립운동가 이회영의 아들 이규학과 혼인을 하여 이회영의 며느리가 되었다. 생각시_{나이 어린 궁녀}였던 박자혜와 조계진은 운현궁_{흥선 대원군이 저택으로 쓰던 곳}에서 얼굴을 자주 보아 잘 아는 사이였다.

3
민족의 지도자
신채호를 만나다

"옌징 대학에 다니던 시절에 박자혜는
운명적인 사람을 만나 사랑을 한다.
그 사람은 바로 단재 신채호였다.
신채호와 사랑하고 결혼하고, 아이도 낳았다.
무엇보다 독립운동을 같이하며 고난도 함께했다.
그 시절 독립지사들은 다 그랬듯
결혼 생활의 행복을 오래 누리지는 못했다."

독립운동가들의 움직임

1905년, 을사늑약이 체결되자 이를 강력히 비판한 논설「시일야방성대곡」이 ≪황성신문≫에 실렸다. '시일야방성대곡'은 '이날에 크게 목 놓아 운다'라는 뜻이다. 일본의 강요로 을사늑약이 체결되자 이에 분노하여 ≪황성신문≫ 사장이던 장지연이 민족의 울분을 표현한 사설이다.

이 일로 장지연은 두 달 넘게 감옥에 갇혀 있어야만 했다. ≪황성신문≫도 이 일로 정간되었다가 1910년에 한일병탄 이후 ≪한성신문≫으로 이름이 바뀌었다가 그 얼마 뒤에 강제로 폐간되었다.

그 당시 ≪황성신문≫에는 장지연이 설득해 논설기자로 입사해 언론계에 막 발을 들인 인물이 있었다. 단재 신채호였다.

≪황성신문≫에 「시일야방성대곡」이 실릴 때 신채호도 함께 일하고 있었다. 사장이던 장지연이 투옥되고 신문이 정간 처분을 받자 신채호는 앞일을 고민했다.

그때 신채호의 능력을 알아본 ≪대한매일신보≫에서 연락이 왔다. 같이 일하자는 제안이었다. ≪대한매일신보≫도 항일 민족지였다. 영국 사람인 베델이 사장이었고, 양기탁과 박은식 등 논설진이 쟁쟁했다. 신채호는 기꺼이 이들의 제안을 받아들였다.

　신채호는 일본의 침략과 그에 협조하는 친일파를 글로써 강력하게 비판했다. 1907년에는 안창호와 함께 신민회 창립 위원으로 참여했고, 국채 보상 운동에도 참여했다. 그러다 조선의 운명이 서서히 기울어 가던 1910년에 중국으로 망명했다. 신민회에서 해외에 독립운동 기지를 만들어 독립운동을 이어가기로 하고 지사들을 1차로 중국에 망명시켰는데, 이때 신채호는 고국의 삶을 정리하고 망명길에 올랐다.

　3·1 만세 운동 이후 많은 독립운동가가 베이징으로 모여들었다. 조선에서 독립운동을 하는 건 거의 불가능했기 때문이다. 조선에서 최고의 명문 집안을 자랑하던 이회영 집안도 형제와 자식들을 포함해 모든 일가가 중국으로 망명해 독립운동에 목숨을 바쳤다.

　이회영 집안은 6형제 가족을 포함해 하인들까지 모두 60여 명이, 인원을 나누고 날짜를 달리해서 중국으로 망명했다. 명문 집안인 만큼 재산도 많아서, 지금 돈으로 하면 수천억 원에서 수조 원에 이를 정도로 엄청났다고 한다. 이회영은 그 많은 재산을 다 처분해서 만주에 신흥 무관 학교를 설립하는 등 모두 독립운동을 하는 데 썼다.

신흥 무관 학교는 3,500명이 넘는 항일 독립운동가들을 길렀고, 그들은 하나같이 항일운동에서 매우 중요한 역할을 했다.

이회영은 당시 베이징에 셋집을 얻어서 살았다. 이회영의 집에는 이동녕, 이광, 조성환, 박용만, 김규식, 김순칠 등 독립운동 지사들이 드나들며 서로 독립에 관한 정보를 교환하기도 하고 독립운동 계획을 세우기도 했다.

3·1 만세 운동이 일어난 이후 독립운동가들 사이에서는 정부를 수립해야 한다는 데 의견이 일치했다. 만세 운동이 벌어진 뒤 이를 효율적으로 조직하고 이끌 구심점이 없어 운동이 실패했다고 보았기 때문이다.

이런 염원이 널리 퍼지면서 조선 안팎에서 '정부'들이 잇따라 세워졌다. 러시아 블라디보스토크의 '대한 국민 의회', 서울의 '한성 정부', 중국 상하이의 '상하이 임시 정부' 등이 만들어졌다.

한편, 중국과 일본과 미국 등 해외에서 독립운동을 활발히 하던 독립운동가들은 이 세력들을 한데 모을 구심점이 필요했다.

1919년 3월 하순에 여운형, 선우혁, 신규식, 한진교, 김철, 손정도,

이광수 등이 상하이 프랑스 조계_{중국에 있는 외국인 거주지로 외국이 행정권과 경찰권을 행사함} 보창로 329호에 독립 임시 사무소를 정하고, 이를 독립운동의 거점으로 삼았다. 이때 단재 신채호도 이 모임에 참여했다.

   중국으로 망명한 독립운동가들은 하나둘 상하이로 모여들었다. 그러던 차에 3·1 만세 운동이 일어나자, 독립을 이룰 수 있다는 확신을 얻은 독립지사들이 각지에서 상하이로 속속 몰려들었다. 여러 곳에서 따로따로 해 오던 독립운동의 방향을 새로 찾는 것도 필요했다. 그렇게 한마음 한뜻으로 모인 사람이 1천 명이 넘었다. 이들은 간절한 염원으로 상하이 임시 정부를 수립했다.

이때 신채호는 임시 의정원 의원 30여 명과 함께 국호를 대한민국으로 정하고, 정부를 조직하고 일할 사람들을 뽑았다.

신석우와 조완구 등은 임시 정부의 수장인 국무총리로 이승만을 추천했다. 이때 신채호는 이승만을 강력하게 반대했다. 이승만 등이 주장하는 외교론_{한국의 독립 문제를 국제 여론화하는 외교 활동을 중심으로 하는 외교 독립론}은 독립에 도움이 되지 않는다고 판단했기 때문이다.

대한민국 임시 정부 안에서는 독립운동의 방향을 두고 갈등을 크게 빚었다. 이승만 계열의 외교 독립론과 이동휘 계열의 무장 투쟁론, 안창호의 실력 양성론 등이 서로 힘겨루기를 했다.

그때 이승만이 미국 대통령 우드로 윌슨에게 일본 대신 국제 연맹이 조선을 위임 통치해 달라고 부탁하는 내용을 담은 「위임 통치 청원서」를 제출했다는 사실이 밝혀졌다.

이 청원서에 이승만은 "미국 대통령 각하 (…) 다음과 같이 공식 청원서를 제출합니다. (…) 각하도 평화 회의에서 우리의 자유를 강력하게 주장하여 (…) 한국을 일본의 학정으로부터 벗어나게 하여 주십시오. 장래 완전한 독립을 보증하고 당분간은 한국을 국제 연맹 통치 밑에 두게 할 것을 바랍니다"라고 썼다.

미국에 있는 박용만이 「위임 통치 청원서」의 원문과 번역문을 보내왔다. 여기에 덧붙여 미국에 사는 재미 동포들의 반응도 알아보고는 신채호에게 편지를 보내왔다. 이러한 사실이 알려지면서 이동휘를 비롯한 여러 사람이 이승만 사퇴 운동을 벌였다.

1919년 4월 11일, 대한민국 임시 정부 임시 의정원에서 신채호가 말했다. "이승만은 나라를 일본에 팔아먹은 이완용보다 더한 매국 역적이다. 이완용은 있는 나라를 팔아 처먹은 놈이지만, 이승만은 없는 나라까지 팔아 처먹은 놈이다."

이러한 사퇴 운동에도 이승만은 임시 정부의 대통령으로 선출되었다. 이승만이 하와이에서 우리 동포들을 어떻게 분열시켰는지를 비롯해 이승만의 행적을 아는 신채호는 실망한 나머지 임시 정부를 떠났다.

그 뒤에 신문 ≪신대한≫을 창간하여 주필을 맡으면서 이승만의 위임 통치 청원 사건을 혹독하게 비판했다. ≪신대한≫의 강력한 글은 국내외 독립지사들에게 큰 영향을 주었고, 독립운동이 활발해지고 널리 퍼지는 계기가 되었다.

이회영 형제들은 상하이에 있는 신채호를 베이징으로 불렀다. 베이징으로 온 신채호는 이회영의 집을 드나들면서 독립운동에 적극 참여하기 시작했다.

박자혜가 신채호를 만난 것은 이 무렵이었다.

박자혜와 신채호의 만남

박자혜는 이회영의 아들 이규혁과 혼인한 조계진을 만나 그동안 있었던 일들을 이야기 나누었다. 오랜만에 즐거운 시간을 보냈다.

조계진은 시어머니이자 이회영의 부인 이은숙에게 박자혜를 소개했다. 박자혜는 늘 그랬듯이 씩씩하면서도 활달하고 밝게 인사했다. 그런 박자혜가 마음에 든 이은숙은 유심히 살펴보았다. 이윽고 조용히 물었다.

"혼인은 했나요? 안 했다면 내가 좋은 남자를 소개해도 되겠어요?"

이은숙이 마음에 둔 남자는 신채호였다. 박자혜는 그 남자가 누구일지 궁금했다. 궁금한 것을 참지 못하고 박자혜가 묻자, 이은숙은 신채호라고 말했다.

평소 신채호의 명성을 이미 들었던 터라 신채호가 누구인지 잘 알았다. 신채호가 위대한 조선의 역사 인물들을 조선 민중들에게 알리고 애국심을 북돋우기 위해 쓴 『을지문덕전』과 『이순신전』도 이미 읽었다. 그런 유명한 인물을 소개해 준다니 박자혜는 무척 당황스러웠으나 한번 만나 보기로 했다.

얼마 뒤 박자혜는 신채호와 마주 앉았다.

명성과 달리 신채호는 작고 깡마른 체구였다. 그런 외모와 달리 단단해 보이는 모습과 속을 들여다보는 듯한 눈빛이 보통 사람은 아닌 듯 보였다.

신채호가 세수하는 방법은 독특하기로 유명했다. 세수를 하려면 허리와 고개를 당연히 숙여야 하지만, 신채호는 그냥 꼿꼿이 선 채 얼굴을 씻었다. 그렇게 하면 옷은 다 젖고, 바닥에는 물이 흥건할 수밖에 없다.

사람들이 왜 그렇게 세수하느냐고 물으면 신채호는 다음과 같이 대답했다.

"옷 젖는 것이 뭐 그리 대단한 일이겠소. 나는 다만 고개를 숙이기가 싫을 따름이오."

일본이 지배하던 상황에서 고개를 숙이면 일본에 고개를 숙이는 꼴이었기 때문이다. 신채호의 자존심과 절개를 잘 엿볼 수 있는 일화이다.

박자혜가 신채호라는 사람에 대해 잠시 생각에 빠졌을 때 이은숙이 말했다.

"이쪽은 얼마 전 펑톈에서 우응규 군의 소개로 여기까지 오게 된 박자혜 양입니다."

이은숙이 박자혜를 소개하면서 우응규라는 이름을 말하자 신채호는 반가워했다.

"우응규 군은 잘 지내고 있나요? 형편이 어려울 때마다 몰래 내게 돈을 주고 간 고마운 사람이에요."

"우 선생님은 잘 계십니다. 저도 우 선생님의 도움으로 이렇게 와 있는데, 선생님과도 인연이 있다니 반갑네요."

박자혜는 신채호에게 호감이 갔다. 특히 조선 독립을 열망하는 마음은 둘이 똑같아서 독립운동에 관해 이야기를 나눌 때면 마음이 잘 통했다.

신채호는 역사를 연구하고 조국의 독립을 위해 활동하는 것 말고

다른 것에는 별로 관심이 없었다. 그런 신채호도 씩씩하면서도 총명하고 당찬 눈빛의 박자혜가 마음에 들었다.

이은숙의 소개로 만났으나 이후 둘은 조금씩 서로를 알아 가며 사랑을 키워 갔다. 사랑이 점차 깊어지자 두 사람은 혼인을 생각하게 되었다.

사랑과 혼인은 다른 문제였다. 당시 박자혜는 스물네 살이었고, 신채호는 서른아홉 살이었다. 열다섯 살이라는 나이 차이가 조금 걸렸다. 여기에 신채호는 이미 한 번 결혼을 한 사람이었다. 본인의 의지가 아니라 집안의 뜻이었으나 열여섯 살에 결혼하여 아들을 얻었는데, 그 아들은 어려서 죽었고 부인과도 중국으로 망명하면서 이혼을 한 상태였다.

이런 문제보다 더 중요한 문제가 있었다. 신채호는 굶기를 밥 먹듯 하는 독립운동가로서 혼인할 엄두가 나지 않았다. 혼자 먹고살기도 힘든데, 결혼하면 아내까지 굶겨야 할 형편이었다. 이런 우려에도 아랑곳없이 박자혜는 씩씩했다. 자신도 일해서 집안일을 책임지겠다고 했다.

두 사람은 이야기를 나누며 서로를 더욱 믿게 되었다. 이내 어려움을 극복하고 혼인하기로 했다. 신채호는 혼인하면서 박자혜에게 당부의 말을 덧붙였다.

"우리가 혼인을 한다 해도 나는 가정을 제대로 살피지 못할 것이오. 그러니 섭섭하게 생각하지 마시오."

"알겠어요. 다른 사람들도 모두 힘들게 살고 있어요. 그래도 앞으로 태어날 우리 아이들이 대를 이어 살아갈 나라를 위해서는 독립운동이 더욱 중요하지요."

짧은 결혼 생활 뒤에 찾아온 이별

박자혜는 신채호가 남편이기 전에 조국의 독립을 위해 일본과 싸우는 위대한 사상가이자 투사라고 생각했다. 그렇게 마음을 단단히 먹으니 결혼을 결정하는 데 망설일 것이 없었다. 두 사람은 1920년에 혼인을 했다.

1936년에 치러진 신채호 장례식장에서 박자혜가 남편을 떠나보내며 낭독했던 「가신 님 단재의 영전에: 제문을 대신하여 곡하는 마음」이라는 글에 혼인 당시를 다음과 같이 떠올렸다.

"무엇을 잡아 삼킬 듯이 검푸르던 북경의 하늘빛도 나날이 옅어져 가고, 황토색 강물도 콸콸 넘치게 흐르고, 만화방초가 음산한 북국의 산과 들을 장식해 주는 봄—사월이었습니다."

암울하고 힘든 시기였지만, 사랑을 하는 두 사람의 눈에 비친 사월의 봄은 푸르고 아름다웠다.

두 사람은 베이징 서쪽 진시팡지에의 셋방에 신혼살림을 차렸다. 박자혜는 혼인한 이후부터 살림을 책임졌다. 신채호도 언제나처럼 오로지 독립을 위한 일과 역사 연구에만 매달렸다.

벌이가 시원치 않아 끼니를 거르는 날이 많았다. 가난이 뼛속까지 파고들어도 박자혜는 신채호의 독립운동을 적극 지지하며 도왔다. 신채호도 굳건하게 자신을 믿는 박자혜를 의지하며 살았다. 두 사람은 행복한 신혼 시절을 보냈다.

그러던 1921년 1월음력, 이들에게 무엇보다 기쁜 일이 찾아왔다. 첫아들 수범이 태어났다. 두 사람의 기쁨은 이루 말로 표현할 수가 없었다.

"우리 아들이 태어났어요."

"당신이 정말 고생이 많았구려."

이 순간에는 무뚝뚝한 신채호도 아내 박자혜에게 고맙다는 말을 건넸다.

무엇 하나 힘겹지 않은 게 없던 그들에게 아들은 선물이자 축복이었다. 두 사람은 귀하고 사랑스러운 아들을 위해서라면 무엇이든지 다 해 주고 싶었다. 이런 바람과 달리 생활 형편은 좀처럼 나아지지 않았다. 아니 나아질 수 없었다.

신채호가 글을 쓰고 받은 원고료와 주위에서 도와주는 돈으로는 도저히 집안 살림을 꾸려 갈 수 없었다. 신채호가 하는 일이라곤 독립운동과 관련한 일뿐이어서 돈벌이와는 거리가 멀었다.

숱한 어려움에도 신채호는 ≪천고≫라는 잡지를 창간했다. '천고'는 '하늘의 북소리'라는 뜻이다. 이 잡지는 한문으로 발행했는데, 중국인들에게 한국의 독립 의지와 한국의 역사를 일깨워 주기 위해서였다. 한국과 중국이 함께 힘을 합쳐 일본에 맞서 싸우면 우리에게도 도움이 되리라 생각했다.

둘 사이에 첫아들이 태어난 지 1년여 뒤에 박자혜는 둘째 아이를 가졌다. 먹고사는 문제는 여전히 나아지지 않았고 하루하루를 힘들게 겨우 버텨 나갔다. 아이 하나만으로도 이렇게 힘든데 둘째가 태어나면 형편은 더 안 좋아질 것이 분명했다. 신채호는 어려운 결단을 내렸다.

"수범이는 조선 사람이니 조선의 말과 풍습을 배울 필요가 있소. 우리가 여기서 사는 것도 여의치 못하니 수범이를 데리고 조선으로 들어가는 건 어떻겠소?"

신채호는 아내와 아들, 그리고 곧 태어날 아이와 함께 행복하게 살고 싶었다. 이런 바람과 달리 현실은 냉혹했고, 형편은 나아지지 않았다. 아내와 아들을 끔찍이도 사랑했으나 가족과 떨어져 살기로 마음먹었다. 수범이가 조선에서 밥도 굶지 않고 조선의 풍습을 배우며 올바른 조선인으로 크기를 바랐다.

박자혜도 남편과 떨어져 홀로 아이를 키우며 살아가는 게 싫었다. 그런데도 이를 받아들여야 하는 현실이 야속했다. 박자혜는 남편의 말을 받아들였다.

"알겠어요. 경성서울에 가서 자리 잡으면 책도 사서 보낼게요."

신채호는 독립운동을 하면서도 조선의 역사를 연구하고 책을 쓰는 일을 게을리하지 않았다. 조선에서는 자료가 없어서 미처 하지 못했던 공부는 해도 해도 끝이 없었고, 책도 필요했다. 세 식구가 먹을 것도 못 구하는 형편에 책을 사는 건 꿈도 못 꿀 일이었다. 다행히 중국 도서관에 자료가 많아서 신채호는 도서관 문지방이 닳도록 드나들었다.

조선으로 향하는 박자혜의 짐은 단출했다. 가난한 살림이라 짐이라고 꾸릴 것도 없었다. 1922년 여름, 박자혜는 이제 두 살 된 큰아들 수범이의 손을 잡고 조선으로 돌아가는 길을 재촉했다. 배 속에는 이제 다섯 달 된 둘째 아이가 자라고 있었다.

중국으로 망명해 대학에도 다니고, 여자 축구부도 만들고, 결혼하고, 아이도 낳고, 참 많은 일이 있었다. 박자혜는 그 시간이 꿈만 같았다. 잠시 떠나 있던 조선 땅이 낯설지 않을까 오히려 그런 걱정이 앞섰다. 조선에는 희망이 있기를 바랐다.

 더 알아보기

노블레스 오블리주를 실천한 독립운동가, 이회영

우리나라에서 노블레스 오블리주_{사회적 신분이 높은 사람이 그에 걸맞은 도덕적 의무를 행함}를 실천한 대표적인 사람이 이회영이다.

독립운동가 이회영의 일가는 조선에서 내로라하는 명문가였다. 둘째가라면 서운할 만큼 재산도 많았다.

을사늑약이 체결되자 이회영은 1907년에 안창호, 이갑, 양기탁, 신채호 등과 최초의 독립운동 비밀 결사체인 신민회를 조직하고, 민족 해방 운동의 근거지 서전서숙을 간도 용정촌에 설립하여 독립운동의 동지를 모집하고 교포들을 교육하는 데 힘썼다.

1907년에 네덜란드 헤이그에서 만국 평화 회의가 열린다는 사실을 알고 고종과 비밀리에 상의해 이준을 특사로 파견했다. 이준과 이상설, 이위종은 만국 평화 회의에 참석해 을사늑약의 강압성과 일본의 침략 행위를 세계에 호소하려 했으나 일본의 방해로 뜻을 이루지 못했다.

1910년에 조선이 일본에 병탄되며 나라가 망하자 이건영, 이석영, 이철영, 이회영, 이시영, 이호영 여섯 형제는 가족회의를 열었다. 여기에서 형제가 모두 독립운동에 뛰어들자고 결정하고는 땅을 비롯한 모든 재산을 비밀리에 팔아 약 600억 원을 마련해 만주로 떠났다_{이들 중 훗날 살아서 고국의 광복을 본 사람은 우리나라 초대 부통령인 이시영 한 명뿐이었다}. 이

액수는 지금도 큰돈이지만 당시에는 상상도 할 수 없을 만큼 엄청나게 큰돈이었다. 그만큼 이회영은 독립운동가들에게 정신적 지주이면서도 든든한 후원자였다.

1911년에 이회영과 그의 형제들은 만주에 신흥 강습소를 설립했다. 이것이 나중에 신흥 무관 학교가 되는데, 1920년에 학교가 문을 닫기 전까지 독립군 약 3,500명을 배출했다. 그야말로 항일 투쟁의 선봉대였다.

1919년에 조직된 의열단의 창립자 열세 명이 신흥 무관 학교 출신이었으며, 1920년에 있었던 봉오동 전투를 승리로 이끈 홍범도, 청산리 전투를 승리로 이끈 김좌진도 신흥 무관 학교 출신이다.

이회영은 1918년에 고종을 중국에 망명시킨 뒤에 망명 정부를 세워 일본과 전면전을 벌일 계획을 세웠다. 이때 고종이 갑작스레 서거하면서 이 계획은 무산되었다.

이회영은 1919년에 상하이 임시 정부를 수립하는 데에도 참여했다. 그는 민족주의자에서 점차 아나키스트가 되었다. 독립운동 기관과 단체를 조직하고도 앞에 나서지 않았고, 공과 업적을 동지나 후진들에게 돌렸다.

1931년에 만주사변이 일어나자 그는 상하이에서 항일 구국 연맹을 조직하고 의장이 되었다. 그 이듬해에 일본군 사령관을 암살하기 위해 다롄으로 가다가 일본 경찰에 잡혀 감옥에 갇혔다가 고문 끝에

1932년에 감옥에서 죽음을 맞았다.

이회영의 호는 '벗집(벗들과 함께하는 집)'이라는 뜻의 '우당(友堂)'이다. 그는 목적을 이루는 것과 상관없이 사명과 의무를 다하는 삶이 가치 있다고 믿었다. 서로 양보하고 협동하는 인간의 본능을 강조하고, 자유로운 협동과 공동체 활동을 중시하는 사람이었다. 그는 이런 생각과 가장 가까운 활동가, 즉 모든 형태의 정부나 강제적 권력, 모든 형태의 계급 제도와 지배를 거부하는 사람들을 뜻하는 아나키스트가 되었다.

독립운동가로서의 이회영의 삶은 우리에게 깊은 감명을 준다. 앞으로도 자랑스러운 독립운동가로 영원히 기억될 것이다. 1962년에 그에게 건국훈장 국민장이 추서되었다.

4
조선에서 다시
독립운동을 시작하다

"조선으로 다시 돌아왔다.
더 나을까 하여 돌아왔지만, 조선에서의 삶도 고달팠다.
그래도 박자혜에겐 할 일이 있었다. 독립운동이었다.
남편 신채호와 연계하여 동양 척식 주식회사와
조선 식산 은행에 폭탄을 던지는 나석주를 돕는 독립운동을 했다."

'산파 박자혜', 조산원을 열다

박자혜는 조선으로 다시 돌아왔다. 떠난 지 3년 만이었다. 떠날 때처럼 아무도 몰래 조용히 돌아왔다. 돌아오는 기차에서 보니 산과 바다도 그대로요, 생활 터전도 사람들의 모습도 달라진 게 없어 보였다. 다만 박자혜는 이제 예전의 박자혜가 아니었다. 더 철저한 독립운동가가 되어 있었다.

'조선에서는 좀 나아지겠지. 아들이라도 잘 먹일 수 있겠지.'

남편을 홀로 두고서라도 조선으로 돌아오면 생활고에서 조금이나마 벗어날 수 있을 거라 기대했다.

박자혜는 임신한 몸이었기에 생활할 집부터 구했다. 마침 아는 사람 집의 방 한 칸을 얻을 수 있었다. 아들과 둘이 생활하기에는 좁았으나 그것도 그저 고마울 따름이었다.

몇 달 뒤, 그곳에서 둘째 아이를 낳았다. 조선에 돌아온 이듬해였다. 배 속에 있을 때도 태어난 뒤에도 잘 먹지 못한 아이는 너무 허약했다. 아니나 다를까 곧 영양실조에 걸리더니 숨을 거두고 말았다. 아이에게 사랑을 주고 예뻐해 줄 시간도 없었다. 박자혜는 눈물이 쏟아지고 가슴이 미어졌다.

아이를 낳은 몸이 미처 회복되기도 전에 기운마저 다 빠져나가는 것 같았다. 남편도 곁에 없어 그 슬픔을 오롯이 홀로 이겨 내야 했다. 슬픔은 더욱 북받쳤다.

예로부터 자식은 죽으면 가슴에 묻는다고 했다. 박자혜는 눈물이 마를 만큼 쏟고 나서 둘째 아이를 가슴에 묻었다. 죽은 자식이 너무도 안타까우나 박자혜에게는 아들 수범이 있었다. 언제까지 슬픔에 빠져 지낼 수는 없었다.

냉혹한 현실에서 살아남고, 남편에게 걱정을 끼치지 않기 위해 다시 생계 현장으로 뛰어들었다.

중국에 홀로 남은 신채호는 조선에서 발행하는 ≪시대일보≫와 ≪조선일보≫ 등에 글을 연재했다. 주로 조선의 역사와 조선어에 관한 논설이었다. 글을 쓰고 받은 원고료는 박자혜에게 보내왔다. 비록 액수는 크지 않았으나 사랑하고 아끼는 가족에게 그가 할 수 있는 최선이었다. 박자혜도 이 돈을 한 푼도 허투루 쓸 수 없었다.

박자혜와 신채호는 가족으로서 서로를 믿고 의지하며 사랑했다. 늘 서로의 안부를 묻고 또 전했다. 독립운동도 같이했다. 멀리 떨어져 지냈으나 두 사람은 하나였다.

신채호가 보내 주는 돈으로는 수범이와 둘이 생활해 나갈 수가 없었다. 누구의 도움을 바랄 수도 없었고, 도와주는 사람도 없었다. 박자혜는 일본이 두려워하는 독립운동가, 신채호의 아내였기 때문이다.

늘 감시 대상인 박자혜에게 선뜻 일자리를 주려는 곳도 없었다. 다행히 박자혜에게는 중국으로 망명하기 전에 조산부 양성소에서 졸업하고 받은 산파 면허 자격증이 있었다. 젊은 시절 취득한 산파 자격증과 경험을 이용하여 조산원을 열기로 했다.

1922년, 인사동 탑골공원 자리 인사동 69번지에 '산파 박자혜 産婆 朴慈惠'라는 간판을 내걸고 조산원을 열었다.

그 당시에는 사람들이 대부분 집에서 아기를 낳았다. 집안의 할머니나 아기 낳은 경험이 많은 사람이 아이 낳는 것을 도와주었다. 한편, 아기 낳는 것을 전문적으로 도와주는 사람들도 있었다. 이들을 산파라고 불렀다.

산파는 다른 직업과 특별히 구별되는 점이 하나 있었다. 다른 직장인처럼 정해진 근무 시간에만 일할 수 없다는 것이다. 배 속의 아

이가 언제 세상에 나올지 알 수 없기 때문이다. 한밤중에 태어날 수도 있고, 명절에 태어날 수도 있다.

아이가 태어날 것 같다고 연락이 오면 산파는 언제든 산모가 있는 곳으로 달려가야 했다. 자다가도 달려가야 하는 게 산파의 운명이었다.

어떤 경우에는 며칠씩 고생하기도 했다. 그때는 산모도 산파도 모두 힘들었다. 그러다가 아이가 건강하게 태어나면 고생한 고통은 온데간데없이 사라지고 보람은 말할 수 없이 컸다. 산파라는 직업만이 느낄 수 있는 기쁨이었다.

박자혜도 아이가 태어나면 마치 자기 자식이 태어난 것처럼 기뻐했다. 그럴 때면 산파가 보람 있는 직업이라 생각했다.

그렇게 뜻깊은 일이었으나 조산원 간판이 낯부끄러울 정도로 조산원을 찾는 사람이 적었다. 일할 기회조차 없으니 돈도 벌 수가 없었다. 게다가 조선 사람이면 누구나 아는 신채호의 부인이다 보니 걸핏하면 일본 경찰이 찾아왔다.

"신채호에게서 연락이 온 건 없나? 그자에 관한 일이라면 우리에게 무조건 신고해야 한다는 건 잘 알고 있겠지?"

일본 경찰은 시도 때도 없이 조산원을 찾아와 박자혜를 다그치고, 신채호에 대해 캐물었다. 찾아오지 않고 박자혜를 경찰서로 부르는 날도 많았다.

수범은 학교에서 돌아왔을 때 어머니가 집에 없으면 으레 종로 경찰서로 찾아갔다. 까치발을 하면 경찰서 들창 유리 너머로 어머니가 보였다. 그런 날이면 어머니의 얼굴은 퍼렇게 멍들고 부어 있었다. 어린 수범은 무서워서 가슴이 뛰었다. 마음만 졸이며 탄식과 함께 어머니에게 가 닿지 못하는 작은 소리로 어머니를 불렀다.

"아, 어머니!"

발만 동동 구를 뿐 수범이 할 수 있는 일은 없었다. 가슴은 진정되지 않고, 마음 한구석이 아팠다. 일본 경찰은 이런 수범을 보면 큰소리로 겁을 주고 경찰서 밖으로 쫓아냈다. 이런 적이 한두 번이 아니었다.

박자혜뿐만 아니라 어린 수범도 이런 수모를 심심치 않게 겪었다. 수범이 학교를 가려고 집을 나서면 어느샌가 일본 경찰이 수범을 가로막았다. 저항하지 못하게 붙들고 막무가내로 수범의 가방과 몸을 뒤졌다. 아버지에게서 연락은 없는지, 몰래 누군가와 주고받은 편지는 없는지 물으며 괴롭혔다.

    신채호의 부인이라는 이유로, 신채호의 아들이라는 이유로 일본은 한시도 그들을 내버려두지 않았다. 신채호와 연락하며 독립운동을 하는 건 아닌지 늘 감시하고 협박했다.

일본 경찰은 독립운동가의 가족을 '불령선인_{일본이 자기네 말을 따르지 않는 조선 사람을 이르는 말로, '불온하고 불량한 조선 사람'이라는 뜻}'이라고 부르면서 괴롭히는 것도 모자라 생활조차 하기 힘들게 했다. 모두 독립운동을 못 하게 하려는 꼼수이고 방해 공작이었다.

박자혜와 신수범은 일본 경찰이 어떤 협박을 해도 의연히 행동했다. 독립운동을 하는 남편과 아버지를 생각해서 이들에게 허점을 조금도 보이지 않았다.

가끔 어린 수범이 눈물을 보이거나 약한 모습을 보이기도 했다. 그럴 때면 마음은 몹시 아프지만 박자혜는 호통을 쳤다.

"네 아버지는 독립운동을 하는 강한 분이시다. 그런 분의 아들이 눈물을 보이거나 약한 모습을 보여서 쓰겠느냐. 너도 아버지처럼 굳세고 용감해져야 한다."

감시에 시달리는 '산파 박자혜'

일본 경찰의 감시는 비단 박자혜와 수범에게서 그치지 않았다. 어떻게든 신채호의 꼬리를 잡으려는 그들의 눈에는 뵈는 게 없었다.

심지어 '산파 박자혜'에서 아이를 낳은 집에도 일본 경찰이 들이닥쳐 캐묻고 뒤졌다. 이들은 밤낮을 가리지 않았다. 아이를 낳은 집에서는 괴로운 일이었다. 이런 소식은 박자혜의 귀에도 들려왔다. 자신은 온갖 수모를 견딜 수 있으나 주변의 관련 없는 사람들이 당할 때면 말할 수 없이 괴롭고 미안했다.

일본 경찰이 박자혜 조산원에서 아이를 낳은 집까지 찾아와 괴롭힌다는 소문이 서울 시내에 퍼졌다. 그 때문에 박자혜 조산원을 찾는 사람들은 더 뜸해졌다. 드나드는 사람이 뜸해지면서 조산원은 고요함과 쓸쓸함만 가득했다. '산파 박자혜'라는 간판이 궁색해 보일 정도였다.

조선총독부의원 출신의 산파는 한 달에 40~50원의 수입을 올린다고 했다. 1920년에 쌀 한 가마니 80킬로그램가 20원 정도 했으니, 대략 쌀 두 가마니를 살 수 있었다.

현실은 이런 통계와 달랐다. 아이를 받으면 산파는 한 번에 적게는 10원에서 많게는 30~40원까지 받았다. 다만, 산파 일은 자주 할 수 있는 일이 아니었다. 이전보다 산파가 많아진 탓도 있었다. 아이를 낳는 산모들 숫자는 그 이전과 비슷한데, 너도나도 조산원을 열었기 때문이다. 이러니 굳이 괴롭힘을 당하면서까지 '산파 박자혜'를 찾을 이유가 없었다.

일본 경찰이 박자혜를 괴롭히는 이유는 단지 신채호 때문만은 아니었다. 그들은 박자혜가 여전히 독립운동을 한다고 의심했다. 물론 그들의 의심은 사실이었다.

박자혜는 항상 독립운동만 생각하고, 자신이 할 수 있는 일이라도 생기면 어떻게든지 해냈다. 그걸 잘 알기에 일본 경찰은 박자혜를 수사와 감시의 대상으로 삼았으나 증거는 찾지 못하고 늘 허탕만 쳤다.

그래도 이런 사실을 모르고 '산파 박자혜'를 찾아오는 사람도 어쩌다 있었다. 그들은 예외 없이 일본 경찰이 찾아가고 감시했다. 이런 일이 반복되자 박자혜 조산원을 찾는 사람의 발길은 더 줄었다.

열 달 동안 산파 일을 한 번도 못 한 적도 있었다. 그럴 때면 신채호가 보내 주는 돈으로 겨우 버텨야 했다. 끼니를 굶는 날도 많았다. 박자혜는 굶주림보다 어린 아들이 고통받는 모습을 보는 것이 더 고통스러웠다.

의열단과 신채호의 「조선혁명선언」

박자혜가 조선에서 조산원을 하면서 어렵게 생계를 이어가며 독립운동을 할 때 신채호는 중국에서 조선 역사 연구와 독립운동에 몰두했다. 특히 유자명의 소개로 김원봉을 만나면서 의열단 활동에도 참여했다.

의열단은 1919년 11월에 중국 만주 지린성에서 조직한 항일 무장 독립운동 단체이다. 단장 김원봉을 비롯해 이종암과 윤세주 등 열세 명이 주축이 되어 일본을 상대로 무장 투쟁을 벌였다.

의열단 단원들은 조선 안이나 밖에 있는 일본의 통치 기구와 시설물 등을 파괴하고 조선총독부, 동양 척식 주식회사, 매일신보사, 각 경찰서와 일본의 주요 기관, 일본의 고위 관료와 친일파 등을 암살하는 것이 목표였다.

신채호는 김창숙과 함께 의열단의 고문으로 추대되었다.

의열단은 1920년에 있었던 밀양·진양 폭탄 반입 사건 3월과 5월과 박재혁의 부산 경찰서 폭탄 투척 사건 9월, 1921년 9월에 있었던 김익상의 조선총독부 폭탄 투척 사건, 1922년 3월에 있었던 김익상, 오성륜, 이종암 등의 상하이 황푸탄 의거 등을 주도했다.

그들은 일정한 본거지 없이 각지에 흩어져서 활동했다. 일본 경찰은 눈에 불을 켜고 의열단을 찾아내려고 했으나 번번이 실패했다.

의열단의 무장 투쟁은 일본이나 친일파들에게 큰 타격을 주고 공포감을 심어 주었다. 철통같은 경비를 뚫고 침입해 일본의 관청을 폭파하고 관리를 암살한 뒤 다시 삼엄한 감시망을 탈출하는 그들의 대담함에 일본인들은 치를 떨었다.

이런 의열단의 활동이 지나치게 폭력적이라는 비판을 받기도 했다. 이런 비판에 의열단은 자기들의 활동을 정당화할 수 있는 이론적 근거가 필요했다.

의열단 단장 김원봉은 의열단 투쟁의 정당성을 밝힐 수 있는 선언문을 쓸 수 있는 사람은 신채호밖에 없다고 생각했다. 조선에서 역사가와 논설가로 이미 유명했기 때문이다. 김원봉은 1922년 12월에 직접 신채호를 찾아가서 글을 부탁했다. 신채호는 김원봉의 이야기를 듣고, 상하이에 있던 의열단 폭탄 제조소를 둘러본 뒤에 흔쾌히 글을 쓰기로 했다.

신채호는 한 달여 만인 1923년 1월에 선언문을 완성했다. 이 선언문의 제목은 「조선혁명선언」이다. 일제 강점기에 활동했던 독립운동가들이 쓴 선언문 중에서도 명문으로 손꼽히는 이 선언문은 「의열단 선언」이라고도 불렀다. 신채호가 쓴 여러 선언문 중에서도 가장 뛰어난 글로 꼽힌다.

「조선혁명선언」은 5개 부분으로 나누어져 있고, 글자 수는 6,400여 자이다. 이 선언문은 일본을 조선의 국호와 정권과 생존을 빼앗아 간 강도로 규정하고, 일본을 쫓아내기 위한 혁명이 정당한 수단이라는 것을 분명히 밝혔다. 3·1 운동 이후 등장한 자치론과 내정독립론 같은 문화 운동은 일본과 타협하는 행위로 여겼다. 「조선혁명선언」은 항일 독립운동을 하는 모든 독립지사와 한민족에게 조선

이 독립할 수 있다는 확신과 목표를 불어넣었다. 「조선혁명선언」은 이런 이유로 매우 중요한 선언문이다.

신채호의 주장을 간단히 말하면, "일본으로부터 조선이 독립하기 위해서는 무장 투쟁을 해야 한다"이다.

「조선혁명선언」이 발표된 뒤 의열단은 1923년 1월 김상옥의 종로 경찰서 투탄 사건, 3월 김시현·황옥·유석현 등이 일본 기관이나 시설물을 파괴하기 위해 폭탄을 들여온 사건, 1924년 1월 일본 도쿄 니주바시 투탄 사건, 1926년 12월 나석주의 동양 척식 주식회사와 조선 식산 은행 투탄 사건 등 항일 무장 투쟁을 격렬하게 이어갔다.

신채호는 각종 선언문 못지않게 시도 많이 썼다. 그중에 <너의 것>이라는 시가 있다. 이 시에는 신채호의 독립과 혁명에 대한 의지가 잘 담겨 있다.

너의 것

너의 눈은 해가 되어
여기저기 비치우고지고

님의 나라 밝아지게

너의 피는 꽃이 되어

여기저기 피고지고

님 나라 고와지게

너의 숨은 바람 되어

여기저기 불고지고

님 나라 깨끗하게

너의 말은 불이 되어

여기저기 타고지고

님 나라 더워지게

살이 썩어 흙이 되고

뼈는 굳어 돌 되어라

님 나라 보태지게

신채호는 일본의 무자비한 통제 때문에 평화적이고 외교적인 방법으로는 독립할 수 없다고 보았다. 그보다는 시대적 상황에 따라 더욱 강력한 방법으로 독립운동을 해야 한다고 주장했다.

일본은 이런 신채호를 매우 위험한 인물로 여겼다. 일본 경찰은 신채호를 잡기 위해 온갖 수단을 동원했고, 박자혜도 더 빈틈없이 감시했다.

김구가 믿은 지사, 나석주

일본은 조선의 국권을 빼앗은 뒤 조선의 모든 분야를 제 것으로 만들었다. 특히 동양 척식 주식회사와 조선 식산 은행을 만들어 조선 경제를 마음대로 주무르고 이익을 빼앗았다.

동양 척식 주식회사는 조선 사람들의 토지를 빼앗아 일본 사람에게 넘기거나, 빼앗은 토지를 일본에서 건너온 일본 사람들에게 나누어 주었다. 조선 땅을 손에 넣은 일본 사람들은 그 땅을 다시 조선 농민들에게 빌려주고는 높은 소작료_{다른 사람의 농지를 빌려 농사를 지은 대가로 땅 주인에게 치르는 사용료}를 받았다. 이 농토에서 수확한 곡식들은 일본으로 가져갔다. 풍년이 들어도 곡식은 대부분 일본으로 건너가 일본 사람들의 식량으로 쓰이니 조선에는 먹을 양식이 모자랐다.

조선 식산 은행은 일본의 돈을 들여와 조선에서 더 많은 이익을 남기고 더 많이 빼앗아 가기 위해 만든 은행이다. 은행 업무도 했지만, 농산물을 더 많이 빼앗기 위해 필요한 자금을 대어 주고, 식민지 산업을 지원하는 등 조선을 수탈하는 일에 더 앞장섰다.

동양 척식 주식회사와 조선 식산 은행은 이처럼 일본의 이익을 위해 온갖 무자비한 일을 하는 곳 중에서도 중심이 되는 식민지 수탈의 본거지였다.

김창숙과 김구, 이동녕 등은 일본에 대항하고 독립운동을 하는 방법 가운데 하나로 일본의 건물을 폭파하기로 했다. 김구는 이 일을 맡을 인물로, 톈진에서 중국군 장교로 근무하던 나석주를 추천했다.

김구가 『백범일지』에서 "친하게 믿는 지사요, 제자"라고 말할 만큼 나석주는 믿을 만한 독립운동가였다. 나석주는 스무 살 때 김구가 세운 양산학교에 입학하면서 두 사람은 스승과 제자가 되었다. 양산학교는 황해도의 신교육 운동의 중심지였다.

나석주의 고향 황해도 재령군 북율면 일대에 있는 땅은 대부분

왕실 땅이었다. 이 너른 땅을 한일병탄 이후 동양 척식 주식회사에서 관리했다. 동양 척식 주식회사는 그 땅을 우리 농민들에게 빌려주고는 소작료를 엄청나게 올려 받았다. 농민들은 높아진 소작료를 감당하기 힘들어지자 일본에 항의했다. 나석주의 가족도 항의했다가 오히려 그 땅마저 빼앗기고 말았다.

나석주는 1919년 3월 10일에 겸이포 내종리 장터에서 3·1 만세 운동을 주도했다는 이유로 일본 경찰에 체포되었다가 풀려났다. 1920년 1~8월에는 황해도에서 비밀 결사를 조직하여 독립운동에 필요한 자금을 모집했으며, 일본 경찰을 처단하기도 했다.

그 일이 벌어진 뒤 9월에 중국 상하이로 망명했다. 그곳에서 나석주는 김구를 다시 만났다.

나석주는 대한민국 임시 정부 경무국 경호원으로 활동했다. 1923년 초에는 중국의 한단군사강습소에 들어가 사관 훈련을 마치고, 1924년에는 중국군 제1사단 사령부에서도 근무했다.

1926년 봄, 나석주는 유자명의 소개로 김원봉을 만나 의열단에 입단했다.

박자혜, 나석주의 거사를 돕다

동양 척식 주식회사와 조선 식산 은행 폭파라는 중요한 임무는 나석주를 비롯해 유자명, 한봉근, 이승춘이 함께 맡기로 했다. 임무를 잘 끝내기 위해 이들은 꼼꼼하게 준비했다.

건물을 폭파하려면 무엇보다 폭탄이 필요했으나 의열단에는 당장 폭탄이 없었다. 이때 신채호가 폭탄 두 개를 힘들게 마련하여 나석주에게 건네주었다.

폭탄은 어렵게 구했으나 더 큰 문제가 이들을 막아섰다. 돈이었다. 나석주와 동지들이 중국에서 서울까지 들어가고, 먹고 자고 준비하고, 폭탄을 던지는 데만 해도 많은 돈이 필요했다. 먹고살기에도 빠듯한 독립운동가들에게 그런 큰돈이 있을 리 없었다. 아무리 궁리해도 그들이 가진 돈으로는 턱없이 부족했다.

의열단에는 중요한 임무였기에 이 일을 포기할 수 없었다. 어쩔 수 없이 나석주가 혼자 그 일을 실행하기로 했다. 네 사람이 해야 할 일을 혼자 해내야 하는 부담감은 컸다. 그래도 나석주는 흔들리거나 머뭇거리지 않았다. 김구도 나석주가 잘 해내리라 믿었다.

1926년 12월, 나석주는 중국 웨이하이웨이에서 인천항으로 가는 배에 올랐다. 그는 중국인으로 위장했다. 그는 이제 중국 산둥성 출신으로 나이는 35세이고, 이름은 마중덕이었다.

그는 26일에 인천항에 도착해 중국 사람들과 저녁을 먹었다. 나석주의 머릿속에는 고향에 있는 부모와 식구들이 맴돌았다. 중국으로 망명할 때 제대로 이별의 인사도 나누지 못한 아내와 자식들이 보고 싶었다. 잠시 흔들렸으나 곧 마음을 다잡았다.

저녁에 기차를 타고 서울에 도착해 서울역 근처 남대문에 있는 중국인 전용 여관 동춘전에서 하룻밤을 묵었다. 다음 날 오전에 중국인 옷을 입고 중국 노동자로 변장하여 동양 척식 주식회사 오늘날 을지로 2가와 조선 식산 은행 오늘날 남대문로 2가을 미리 조사했다.

사실 나석주가 서울에 온 것은 이번이 처음이었다. 역시 서울은 그가 살던 황해도 시골과 한참 달랐다. 사람도 많고 길도 많아서 어디가 어디인지 알 길이 없었다. 이때 나석주에게 결정적인 도움을 준 사람이 박자혜였다.

박자혜는 나석주가 오는 것을 알았다. 남편에게서 소식을 미리 듣고 나석주를 기다렸다. 길을 모르는 나석주에게 박자혜가 길을 안내하기로 했다. 신채호는 나석주에게 필요한 게 있으면 무엇이든 도와주라고도 당부했다.

나석주도 신채호가 알려 준 대로 박자혜를 찾아갔다. '산파 박자혜'는 그리 어렵지 않게 찾을 수 있었다.

"동양 척식 주식회사와 조선 식산 은행을 폭파하려고 왔습니다."

"잘 오셨습니다. 기다리고 있었습니다."

박자혜는 나석주를 숨겨 주고, 그가 갖고 온 폭탄도 조산원에 숨겼다. 나석주에게 폭파 대상인 두 건물의 위치도 자세히 알려 주었다.

"여기가 동양 척식 주식회사입니다."

"이곳이 조선 식산 은행입니다."

드디어 12월 28일, 나석주는 신채호가 구해 온 폭탄 두 개를 가슴에 품고 길을 나섰다. 오후 2시쯤 조선 식산 은행으로 들어갔다. 잠시 뒤, 나석주는 우리나라를 침략한 일본의 가슴에 던진다는 심정으로, 조선 식산 은행이 산산조각 나기를 바라는 마음으로 있는 힘껏 폭탄을 던졌다.

폭탄은 터지지 않았다. 은행 안에서 소란이 일어나고, 곧 경찰이 출동했다. 다행히 나석주는 들키지 않고 은행을 빠져나와 동양 척식

주식회사로 갔다.

　동양 척식 주식회사의 정문을 들어가면서 일본 사람들과 총격전이 벌어졌다. 나석주는 곧장 2층으로 올라가서 다시 일본 사람들에게 총을 쏘았다. 그런 뒤에 나머지 폭탄 한 개를 던졌다.

　폭탄을 던지고 아래층으로 내려오니 일본 사람들이 막아섰다. 나석주는 이들에게 다시 총을 쏘며 건물을 나왔다. 안타깝게도 또다시 불발이었다.

　나석주는 일본 경찰을 사살하며 격렬하게 저항했다. 더 이상 물러설 곳이 없자 자기 가슴에 총을 쏘았다.

　중국에서 조선으로 오는 배를 타기 전에 나석주는 동지들에게 마지막으로 편지를 썼다. 그 편지는 곧 그의 유언이었다. 그 편지에 '만약 거사가 성공하지 못하면 구차하게 일본에 목숨을 구걸하지 않고 자결하겠다'라며 굳은 의지를 밝혔다. 나석주는 병원으로 옮겨졌으나 곧 숨을 거두었다.

　이 사건으로 조선과 일본이 발칵 뒤집혔다. 동양 척식 주식회사와 조선 식산 은행은 일본이 조선의 경제를 수탈해 가는 핵심 조직이었다. 그 핵심 조직이 처음 공격당했는데, 심지어 조선 청년 혼자서 그

엄청난 일을 했다는 사실은 모두를 놀라게 했다. 나석주는 조선 사람들이 살아 있다는 사실을 세상에 당당하게 알렸고, 일본의 수탈 정책에 시달리던 농민들의 한을 풀어 주었다.

나석주 못지않게 마음을 졸이는 사람이 있었다. 바로 박자혜였다. 그는 나석주의 거사가 성공하기를 간절히 빌고 또 빌었다. 가슴 졸이며 기다렸으나 일은 성공하지 못했고 스스로 목숨을 끊었다는 소식이 들려왔다. 누구보다 분하고 마음이 아팠다.

나석주의 거사는 비록 실패로 끝났으나 박자혜는 다음을 기다렸다. 박자혜는 그 뒤로도 중국에서 오는 독립 지사들에게 잠을 잘 수 있는 곳과 음식을 제공했고, 지리를 알려 주었다. 이 모두 신채호와 연락하면서 박자혜가 비밀리에 수행한 독립운동의 활동이었다.

보천교와 박자혜의 독립운동

동학혁명1894년이 실패하자 조선 백성들의 불만은 더 커졌다. 이러한 불만을 해결하고 조선 사회를 개혁할 방법으로 종교 운동이 일어났다. 강일순을 중심으로 일어난 증산교가 대표적이다.

강일순은 유교와 불교 등의 교리종교적인 원리나 이치 등을 연구하고, 오랫동안 도를 닦은 끝에 깨달음을 얻었다. 사람들에게 세상을 구제하기 위해 세상에 왔다며 종교를 만들었는데, 이것이 증산교이다. 증산교는 삶에 지친 조선 백성들에게 인기가 많았다. 이와 달리 지식인들은 이러한 현상이 허무맹랑하다며 무시했다.

한편 강일순의 제자인 차경석은 보천교라는 종교를 만들었다. 차경석이 천자하늘의 뜻을 받아 하늘을 대신하여 천하를 다스리는 사람가 되면 조선이 독립한다는 사실을 퍼뜨리며 민중들에게 파고들었다.

이 보천교가 종교 활동과 더불어 항일 운동을 했다고 보는 시각도 있다. 일본도 "보천교는 종교로 위장했지만, 사실은 조선의 독립운동 단체다"라고 밝힐 만큼 보천교의 활동을 감시했다.

1920년대 초반에 사회주의 운동가들에게 보천교에서 활동비를 지원하고, 1921년에 워싱턴 회의를 앞두고 보천교 사람 두 명을 보내 외교 활동을 돕고, 1922년에는 김좌진 장군에게 보천교에서 자금을 지원했다. 1923년에는 상하이에서 열린 국민대표회의에 보천교 대표

두 명이 참석했다. 대표로 참석한 배치문과 강일은 1924년에 의열단에 가입했다.

이렇듯 보천교는 대한민국 임시 정부나 사회주의자들에게 자금을 지원하고 국내외의 독립운동 단체와 긴밀하게 관계를 유지하며 독립운동을 했다.

보천교는 반일의 성격이 강했고, 농민들과 도시민들은 보천교의 항일 활동에 참여했다. 도시의 지식인이나 일부 독립운동가들은 보천교와 긴밀한 관계를 유지했다. 보천교가 근대적이지 못하고 허무맹랑한 것이라 보는 지식인들이 많았지만, 조선 민중들은 보천교의 교리와 활동을 한국의 독립과 새로운 정부를 수립하려는 독립운동의 관점으로 받아들였다.

갑자기 왜 보천교라는 낯선 이야기를 자세히 들려주는지 의아하겠지만, 그 이유는 보천교와 박자혜가 관련이 있기 때문이다.

일제 강점기 때 독립운동과 관련한 법원의 판결문에 보천교의 독립운동과 관련하여 '박자혜'라는 이름이 등장한다. 박자혜는 조만식과 같이 등장한다.

조만식은 3·1 만세 운동에 참가하고, 1922년에 조선 물산 장려회를 조직하여 국산품 애용 운동을 펼치는 등 민족 운동 및 기독교계의 증진으로 항일 운동을 지속적으로 전개한 인물이다. 8·15 광복 후에는 평양에서 조선민주당을 조직하여 민족 통일 운동에 힘쓰기도 했다.

박자혜는 보천교와 만주의 정의부1924년 11월 만주에서 조직된 대표적인 항일 독립운동 단체를 서로 이어 주었다. 조만식은 박자혜를 통해 보천교의 간부 한규숙을 소개받았다. 박자혜도 보천교의 간부였다. 한규숙을 소개받는 자리에서 조만식은 해외에 있는 독립운동 단체와 연결하여 활동해야 보천교가 발전할 수 있다고 설득했다. 교주 차경석은 조만식에게서 만주와 국내의 상황을 듣고는 보천교가 독립운동 단체와 지속적으로 연락하고 지원하라고 지시했다.
　신채호가 중국에서 의열단과 관계하던 시기에 박자혜는 국내에서 의열단의 거사를 도왔다. 신채호에게서 독립운동 지사들이 국내로 들어와서 거사를 펼칠 것이라는 이야기를 전달받으면, 박자혜는 국내로 들어온 독립운동가들에게 잠잘 곳이나 먹을 것 등의 편의를 제공하고 길도 안내했다.
　신채호가 뤼순 감옥에서 숨을 거둔 뒤 박자혜가 유해를 안고 서울역으로 올 때 마중 나온 사람 중에 보천교 간부였던 주익이라는 사람도 있었다. 박자혜와 보천교의 독립운동에 대한 자료는 그리 많지 않다. 박자혜가 보천교의 일원으로 활동한 독립운동 자료가 더 많이 발견되기를 기대해 본다.

5
독립운동가 박자혜의
고단한 삶

"조국의 독립을 위해 싸운 독립운동가들은
자신의 삶은 돌보지 못했다.
아니 돌볼 수 없었다는 게 맞는 말이다.
박자혜와 신채호의 삶도 그야말로
눈물이 절로 날 정도로 가슴 아픈 삶이었다."

5년 만에 다시 만난 세 식구

박자혜는 1927년 초에 남편 신채호에게서 편지를 한 통 받았다. 신채호는 갑자기 가족이 보고 싶다고 했다.

신채호는 몇 년 전부터 눈이 잘 보이지 않았다. 조선 역사를 연구하면서 책을 너무 많이 읽고 글을 많이 쓴 탓이었다. 신채호는 독립 운동을 위한 활동이 아니면 조선 역사 연구에 매달렸다. 독립 활동도 글을 쓰는 일이 많았다. 여기에 먹는 게 턱없이 부족한 탓도 더해졌다.

앞이 거의 보이지 않을 만큼 나빠져 실명될 수도 있다고 생각되자 가족이 보고 싶었다. 특히 자신의 하나뿐인 피붙이인 아들 수범이 보고 싶었다. 마치 자신의 운명을 미리 내다본 것 같았다.

아내와 아들을 보고 나면 독립운동을 하다가 무슨 일이 벌어져도 괜찮을 것 같았다. 그만큼 독립운동의 의지도 강했고, 가족을 보고 싶은 마음도 간절했다.

신채호를 잡기 위해 일본 경찰이 눈에 불을 켜고 감시하고 있으니 그가 조선에 오는 것은 불가능했다. 박자혜가 아들 수범을 데리고 베이징으로 가는 수밖에 없었다.

일본 경찰의 감시도 피해야 했다. 박자혜는 주변 사람들에게 거짓말로 둘러댄 뒤 아들과 함께 베이징으로 떠났다.

베이징으로 가는 데만도 꼬박 사나흘이 걸렸다. 한겨울이라 추운 데다 눈보라까지 휘몰아쳐서 남편을 만나러 가는 길이 고난과 수난의 길이었다.

가는 길에 박자혜의 가슴이 철렁 내려앉는 일도 있었다. 한번은 기차에서 내려 마차를 타고 가는데, 마부들이 박자혜와 수범을 납치하려 했다. 위험천만한 순간에 마침 여관 주인이 두 사람을 위기에서 구해 주었다. 여관 주인이 두 사람을 도와주지 않았다면 박자혜와 수범은 그곳에서 영영 사라졌을 수도 있었다.

두 사람을 위험에서 구해 준 것도 모자라 여관 주인은 두 사람을 신채호에게 안내해 주기도 했다. 여행길에서 만난 뜻밖의 은인 덕분에 박자혜와 수범은 무사히 신채호를 만날 수 있었다.

신채호는 여자 혼자서 아들을 데리고 그 먼 길을 달려온 아내가 고마웠다. 조선으로 다시 들어갈 때 두 살이었던 아들 수범은 어느새 일곱 살이었다.

박자혜와 신채호, 그리고 수범 셋은 오랜만에 만나 모처럼 식구의 정과 행복을 느꼈다. 동지 박병승의 집에서 한 달 동안 꿈같은 시간을 보냈다. 같이 밥을 먹고, 같이 책도 읽고, 그동안 나누지 못했던 이야기도 도란도란 나누었다. 다시 없을 행복한 순간이었다.

아들 수범은 5년 전에 헤어진 아버지가 궁금했다. 어머니가 아버지의 역할까지 훌륭하게 해냈으나 아버지의 빈자리를 완전히 메울 수는 없었다.

두 살 때 헤어졌다가 5년 만에 만난 아버지가 처음엔 낯설었다. 어색한 순간도 잠시, 자상한 아버지 덕분에 아들과 아버지는 금방 친해졌다. 신채호가 수범에게 책을 읽어 주기도 하고, 맛있는 것 사 먹으라며 용돈도 주었다. 이 모두가 수범에게는 아버지와 함께한 잊을 수 없는 추억이었다. 꿈에 그리던 아버지와 함께 지내면서 그동안 목말랐던 아버지의 사랑을 듬뿍 받았다. 수범은 그 행복한 기억을 평생 간직했다.

수범은 나중에 결혼해서 부인 이덕남에게 아버지와 지냈던 행복한 순간을 돌아보며 다음과 같이 말했다.

"아버지는 독립투사니 매서운 사람인 줄 아는데, 그렇지 않아요. 베이징에서 같이 보낸 한 달 동안 평생 해 줄 사랑을 다 주셨소."

일본에 한없이 두려움을 주는 강인한 독립투사인 신채호도 아들에겐 그저 다정한 아버지였다.

박자혜는 건강이 좋지 않은 신채호를 지극정성으로 보살폈다. 여기에 아들과 보내는 행복함까지 더해진 덕분인지 신채호는 몸도 조금 좋아졌고 마음도 안정을 되찾았다.

그들이 함께 지낸 지 어느새 한 달이 되었다. 영원할 것 같던 시간도 끝나 가고 있었다. 계속 이렇게 살 수는 없었다. 수범도 학교에 다녀야 했고, 박자혜도 조산원을 다시 열어야 했다. 남편을 만나러 간다는 사실을 숨기기 위해 주변 사람들에게도 거짓말로 둘러대고 왔기에 돌아가야 했다.

신채호도 해야 할 일이 많았다. 다시 헤어져야 할 시간이었다. 언제 다시 만날지 약속할 수 없는 이별이었다.

"수범아, 씩씩하고 당당하게 살아야 한다. 어머니 잘 모시고, 곧 다시 만나자."

"네, 아버지. 꼭 다시 뵈어요."

수범은 아버지와 헤어지면서 눈물이 멈추지 않았다. 신채호는 아내에게도 짧게 작별의 말을 건넸다. 이때 박자혜의 배 속에는 아이가 자라고 있었다.

"건강하고, 수범이 잘 부탁하오."

"단재 님도 몸 잘 간수하세요."

세 사람은 그때까지는 몰랐다. 아니 생각지도 못했다. 그날이 세 사람이 살아서 만나는 마지막 만남이라는 사실을.

신채호, 감옥에 갇히다

박자혜와 수범이 돌아가자 신채호는 눈이 다시 안 좋아졌다. 차츰 앞이 보이지 않았다. 가슴이 철렁 내려앉았다. 자칫하면 더 이상 역사 연구도 책을 쓰는 일도 할 수 없게 될지도 몰랐다.

신채호는 역사 연구는 그만두고 한 몸을 독립운동에 바치리라 다짐했다. 의열단 투쟁에 참여하여 독립운동에 몸을 불사르리라 생각했다.

1928년 4월쯤, 신채호는 박자혜에게 편지를 썼다.

"다른 곳에 다녀올 예정이니 편지를 하지 마시오."

신채호는 부인에게도 그 사실을 말하지 않고 본격적으로 의열 투쟁에 나섰다. 사람들과 무정부주의 단체를 조직했다. 또 이 단체를 선전할 기관을 설립하고, 일본의 관공서를 폭파하기 위해 폭탄 제조소를 만들기로 했다.

이러한 활동을 하자면 역시 돈이 필요했다. 계획하는 일의 규모가 큰 만큼 돈도 많이 필요했다. 사람들에게서 돈을 모으는 방법도 생각했지만, 그 많은 돈을 모으는 건 가능해 보이지 않았다. 다른 방법을 찾아야 했다.

그때 린빙원이라는 대만 사람이 베이징 우무관리국 우편 관련 업무를 보던 곳 외국위체계에서 일했다. 신채호 일행은 린빙원과 협의하여 외국위체 외국환를 위조 남을 속일 목적으로 어떤 물건을 진짜처럼 만듦해서 돈을 마련하기로 했다.

돈을 위조하는 것은 나쁜 일이다. 다만, 신채호는 나라를 찾는 일을 위해서라면 어떤 일도 부끄럽거나 거리낄 것이 없다고 생각했다. 나중에 이 일로 재판을 받을 때 화폐 위조가 사기라고 생각하지 않느냐는 질문에 신채호는 당당하게 대답했다.

"우리 동포가 나라를 찾기 위해 하는 행동은 모두 정당하다. 강도짓을 한 일본 앞에서는 양심에 부끄러움이 조금도 없다."

이러한 생각은 신채호가 작성한 「조선혁명선언」에 잘 나타나 있다.

1928년 4월 25일, 신채호는 위조된 돈을 찾으려고 다롄으로 갔다. 4천 원을 찾은 뒤 변장하고 이번에는 일본으로 갔다. 일본에서 2천 원을 찾다가 들통이 났다. 일본 경찰에 잡히고 말았다. 신채호는 중국인이라 속였고, 그 말에 넘어간 일본 경찰은 신채호를 추방했다.

5월 8일경 배를 타고 대만 지룽항으로 갔다. 역시 돈을 찾으러 지룽우체국에 갔다가 현장에서 체포되었다. 일본 경찰이 미리 연락받고 대기하고 있었다.

어이없게 체포된 신채호는 다롄의 뤼순 감옥으로 옮겨졌다. 그곳에서 재판을 기다리는 미결수가 되었다.

신채호가 체포되었다는 소식은 곧 국내에 전해졌다. 신문들은 이 소식을 일제히 실었다.

포기하지 않고 아들을 공부시키다

다롄의 뤼순 감옥은 몹시 추웠다. 감옥은 난방이 전혀 되지 않았다. 시멘트 바닥에서 올라오는 차가운 기운에 온몸이 절로 떨렸다.

따뜻한 온돌방까지는 바라지도 않았다. 그래도 추위를 견디려면 두 툼한 옷이 필요했다.

신채호는 박자혜에게 보낸 편지에 솜을 두툼하게 넣어서 지은 옷을 보내 달라고 부탁했다.

편지를 받은 박자혜는 감옥에서 추위에 고생할 남편을 생각하니 눈물이 절로 흘렀다. 솜옷을 한 벌이 아니라 몇 벌이라도 보내 주고 싶은 마음이 굴뚝 같았다. 그러지 못하는 현실이 안타까울 따름이었다. 어떻게 할 방법이 없었다.

다시 남편과 헤어져 조선으로 돌아온 지 얼마 뒤 둘째 아들을 낳았다. 가뜩이나 부족한 살림에 아이까지 하나 더 늘어나 생활은 더욱더 쪼들렸다. 어린 아들 둘과 함께 앞으로 살아갈 일만 생각해도 앞이 캄캄할 지경이었다. 이런 형편이다 보니 솜을 두툼하게 넣은 솜옷은 감히 엄두도 낼 수 없었다.

이런 사정을 모를 리 없으면서 그런 편지를 보낸 신채호의 마음을 헤아릴 수 있을 것 같았다. 오죽이나 힘들면 그랬을까. 어디 하소연할 데도 없고, 안타까운 마음에 억장이 무너졌다.

박자혜는 1928년 12월 12일 자 ≪동아일보≫ 인터뷰에서 감옥에 있는 남편 신채호를 생각하며 기자에게 말했다.

"대련[다롄]이야 오죽이나 춥겠습니까? 이곳이 이러한데요."

처음 만난 기자 앞에서 부끄러운 줄도 모르고 눈물을 흘렸다. 그런 박자혜를 보고 있자니 기자도 측은한 마음에 눈물을 참을 수 없었다. 같이 울었다.

끝내 박자혜는 남편에게 솜옷을 보내지 못했다. 남편이기에 앞서 위대한 민족 지도자가 솜옷도 없이 차가운 감옥에서 떨며 지내야 한다고 생각하니 가슴이 찢어졌다.

당시 박자혜는 좁다란 한 칸짜리 방에 살았다. 그것도 아는 사람이 박자혜 식구를 불쌍히 여겨 내어 주었는데, 집세가 한 달에 6원 50전이었다. 조산원 수입이 거의 없다시피 하니 그마저도 낼 수 없었다.

신채호가 국내 신문에 글을 써서 보내 주던 원고료도 끊어진 지 오래였다. 그 신문이 신문 이름 옆에 일장기를 버젓이 싣는다는 사실을 뒤늦게 안 신채호가 그 즉시 연재를 중단했기 때문이다. 그 돈이 수입이 변변하지 못했던 아내와 자식들의 생활비로 쓰인다는 사실을 신채호는 잘 았았다. 그러나 친일 신문에 글을 실을 수 없다는 신채호의 생각은 누구도 꺾을 수 없을 만큼 확고했다.

그사이 월세는 석 달이나 밀려 있었다. 집주인은 집세를 언제 줄 거냐며 박자혜를 닦달했다. 이 집에서 쫓겨나면 아이들과 갈 데도 마땅히 없었다.

신채호에게는 일가친척이 없었다. 일찍 죽은 형의 딸 향란이 있기는 했다. 유일한 피붙이였다. 신채호가 친딸처럼 아꼈다. 중국으로 망명하면서 조카를 동지인 임치정에게 맡겼는데, 그만 임치정이 조카를 친일파와 결혼시켜 버렸다. 신채호가 신변의 위험을 무릅쓰고 조선으로 몰래 들어와 조카를 설득하려 했다. 그러나 향란은 신채호의 말을 들으려 하지 않았고, 신채호는 조카의 결혼을 막을 수 없었다. 이때 신채호는 조카와 혈육의 인연을 끊었다.

상황이 이렇다 보니 달리 갈 데도 없기에 월세를 달라는 집주인의 성화는 참기 힘들었으나 버틸 수밖에 없었다.

월세는 둘째치고 두 아들과 끼니조차 제대로 때우지 못하는 날도 많았다. 밥이든 죽이든 음식을 하려면 아궁이에 불을 때야 했다. 굴뚝에 연기가 피어오르지 않는 집은 곧 먹을 게 없다는 뜻이었다. 박자혜의 집에서도 한 달에 4~5일 정도밖에 불을 때지 못하기도 했

다. 그만큼 밥을 짓지 못하는 날이 많았다.

한번은 박자혜가 다롄 감옥에 있는 남편 신채호에게 편지를 보내 아이들하고 살기가 힘드니 어떻게 하면 좋을지 물었다. 감옥에 있는 남편이 해 줄 수 있는 건 아무것도 없다는 사실을 누구보다 잘 알았다. 박자혜는 그저 남편에게 하소연이라도 하고 싶었다.

신채호가 답장을 보내왔다. 편지를 읽으며 박자혜는 흐르는 눈물을 주체할 수 없었다.

"내 걱정은 마시고 부디 수범 형제 데리고 잘 지내시며, 정 할 수 없거든 고아원으로 보내시오."

자식들을 고아원으로 보내라니, 처음에는 남편의 말이 야속하기도 했다. 그러나 곧 고민 끝에 이런 말을 할 수밖에 없었던 신채호는 얼마나 속이 쓰리고 상했을까 생각하니 가슴이 아렸다. 신채호는 심지어 둘째 아들 두범은 아직 보지도 못했다. 그가 감옥에 갇힌 뒤에 태어났기 때문이다. 귀한 자식들이라 사랑하는 마음이 특별히 더 컸을 테지만, 신채호는 아무것도 해 줄 수가 없었다.

조선의 독립운동가들은 자기 삶을 돌볼 수 있는 여유조차 없었다. 아니 생사를 수시로 넘나드는 탓에 최소한의 단란한 생활도 누리지

못하고 고생했다.

박자혜는 눈물을 닦고 어느새 시름을 툭툭 털고 씩씩하게 일어났다. 워낙 성격이 활달하고, 옌징 대학 다닐 때 여성 축구부를 만들고 주장을 할 정도로 몸도 정신도 강인했다.

평소 박자혜는 사람은 밥은 굶어도 글은 배워야 한다고 생각했다. 처절하게 가난했으나 있는 것 없는 것 다 털어 교과서를 마련하고 큰아들 수범을 교동보통학교 보통학교는 일제 강점기에 초등 교육을 하던 학교로, 오늘날의 초등학교 에 보냈다.

학교는 다녔으나 수범도 고생이 많았다. 어머니가 굶는다는 사실을 잘 아는 수범도 굶고 다니기 일쑤였다. 옷 한 벌 변변히 얻어 입지 못했고, 남들처럼 학용품도 사서 쓰지 못했다. 이웃 사람들 보기에 민망할 정도였다. 그럼에도 수범은 말썽 한 번 부리지 않았다. 어머니가 나가서 늦게 돌아오는 날이면 잠을 자지 않고 기다릴 정도로 효성이 갸륵했다.

수범은 교동보통학교를 졸업하고 선린상고에 진학을 했다. 학교에 다니는 수범을 일본 경찰은 끊임없이 감시하고 괴롭혔다. 아무 때나 그를 붙잡고 책가방을 뒤졌다. 결국 수범은 이 때문에 선린상고를 그만두어야 했다.

일본 경찰이 괴롭혀도 수범은 한성상업학교로 옮겨 학교를 졸업했다. 어려운 살림살이에도 박자혜는 포기하지 않고 아들을 고등학교까지 공부시켰다.

이를 위해서 박자혜는 아이들과 먹고살기 위해 할 수 있는 일은 다 했다. 조산원을 하면서 노점상도 벌였다. 길거리에서 참외도 팔고, 풀 장사도 했다.

그러면서도 남편이 감옥에 갇히기 전까지 신채호가 중국에서 독립운동을 할 수 있도록 지원했다. 감옥에 있을 때도 연구를 계속할 수 있도록 책을 사서 보냈다.

그뿐만이 아니었다. 국내에 있는 독립지사들은 물론 해외에서 몰래 조선으로 들어와 활동하는 독립운동가들 지원도 아끼지 않았다.

박자혜는 ≪동아일보≫ 인터뷰 마지막에 자신의 심정을 솔직하게 말했다.

"굶어도 같이 굶고 떨어도 같이 떨 운명에 빠진 어린것들이 더욱 가련하여 못 견디겠습니다."

≪동아일보≫에 박자혜가 힘들게 사는 모습이 소개되자 전국 곳

곳에서 후원금이 들어왔다. 이름을 밝힌 사람들도 있고 이름을 드러내지 않는 사람들도 있었다. 그들이 누구이든 민족의 지도자인 신채호의 가족이 힘들고 고달프게 사는 것이 안타까워 1원부터 5원, 10원 등 액수에 상관없이 조금씩 도움의 손길을 보내왔다.

박자혜는 그 돈을 모아 생활비와 자식들 학비로 썼다. 그중 일부를 떼어 책을 사서 신채호에게 보내거나, 아니면 돈으로 보냈다.

안타깝게 도움의 손길도 오래가지는 못했다. 도움이 점차 끊어지자 다시 박자혜의 삶은 버거워졌다.

그동안 신채호에게도 변화가 있었다. 2년여 동안 재판을 받은 끝에 1930년 5월 9일에 10년 형을 받고 뤼순 감옥 독방에 수감되었다. 일본은 눈엣가시였던 신채호를 10년이라는 긴 시간 동안 감옥에 가두어 버렸다.

뤼순 감옥은 안중근 의사와 우당 이회영이 최후를 마친 곳이다. 안중근은 1909년 만주의 하얼빈역에서 조선의 초대 통감 이토 히로부미를 사살한 애국지사였고, 이회영은 온 집안이 독립운동을 했고 그는 독립지사들의 정신적 지주였다.

신채호, 영원히 잠들다

박자혜는 감옥에 갇힌 남편 신채호와 편지로 자주 안부를 주고받았다. 신채호는 감옥에 있을 때도 책을 읽고 연구하고 글을 썼다. 박자혜는 남편을 위해 열심히 옥바라지했다.

감옥에서 신채호가 이룬 연구와 업적은 박자혜의 희생이 있었기에 가능했다. 독립운동을 할 때나 감옥에 있을 때나 박자혜는 신채호의 든든한 지원군이었다.

한번은 신채호가 역사책인 『국조보감』을 사서 보내 달라고 요청해 왔다. 1931년 어느 날이었다. 그 책은 오십 원이나 했다. 당장 먹을 것도 못 사는 박자혜에게 그 책을 사서 보내는 건 얼토당토아니한 일이었다. 박자혜는 스스로 해결할 수 없는 자신의 처지가 답답했다.

그래도 남편의 부탁을 마냥 모른 체할 수 없는 마음에 독립운동가 안재홍에게 그 일을 부탁했다. 어렵게 부탁했으나 안재홍도 돈이 없기는 마찬가지였다. 솜옷을 못 보냈듯 책을 끝내 보내지 못했다. 그 후로 박자혜는 신채호의 편지를 받아 보지 못했다. 1931년부터 편지 왕래가 끊어졌다.

학자이자 연구자였던 신채호는 책이 소중했다. 자신의 공부를 위해서가 아니라 조선의 역사를 공부하고 책을 쓰는 데 필요했다. 신채호의 진심을 알 수는 없다. 다만, 아무래도 학자였기에 꼭 필요한 책을 받지 못하자 오해하고 그 이후로 편지를 보내지 않았던 것 같다.

형기를 3년여 남겨둔 1935년에 이르러 신채호는 건강이 더욱 나빠졌다. 급기야 신채호가 언제 죽을지 모르는 위급한 상태에 이르렀다. 상황이 이렇게 되자 형무소에서는 신채호에게 믿을 만한 사람을 보증인으로 내세워 가출옥(가석방)하라는 제안을 했다. 가출옥이란 형기가 끝나지 않은 죄수를 일정한 조건을 내걸고 미리 풀어주는 것이다. 신채호에게 제안한 가출옥은 친일파가 보증을 서면 감옥에서 나가게 해 주겠다는 뜻이었다.

신채호는 자신이 제일 싫어하는 부류인 친일파에게 도움을 받을 수는 없었다. 신채호답게 형무소의 제안을 단호히 거절했다. 일본을 처단하려고 살아왔는데, 자신의 목숨을 부지하려고 친일파의 도움을 받을 수는 없었다. 그럴 바에는 차라리 죽는 것이 나았다.

"나라도 배신하고 민족도 배신한 그런 배신자한테 나는 내 목숨을 구걸하지 않겠다."

안경을 써도 앞이 잘 보이지 않을 정도로 눈 상태는 더욱 나빠졌다. 죽음이 시시각각으로 다가오고 있었다. 그런 와중에도 신채호가 아쉬워하는 일이 있었다.

"조선 역사책을 완성하지 못한 것이 한이로구나."

신채호는 감옥에 갇히면서 독립투쟁과 역사 연구에 만족스러운 성과를 내지 못했다. 2년 정도만 참으면 석방되어 연구를 활발히 할 수 있었으나 건강이 버텨 주지 못해 안타까웠다.

신채호가 석방되기 1년 8개월여를 앞둔 1936년 2월 18일이었다. 박자혜는 여느 날처럼 아이들에게 부족하나마 밥을 먹이고 아이들을 학교에 보내려고 서둘렀다. 아이들을 학교에 보내야 무슨 일이든 할 여유가 생겼다. 그때였다. 아들 신수범 앞으로 전보가 하나 날아왔다. 뤼순 형무소에서 온 전보였다.

'신채호 뇌일혈로서 의식 불명, 생명 위독'

전보를 읽고 박자혜는 짧은 탄식을 내뱉고는 그대로 힘없이 쓰러졌다. 그 옆에서 가만히 어머니를 지켜보던 수범도 울기 시작했다. 어느새 수범은 열여섯 살이었으니 전보를 읽을 수 있었다. 박자혜의 집은 그야말로 초상집이었다.

이 사실이 곧 종로경찰서에도 전해졌다. 소식을 듣고 형사가 집으로 찾아와 사정을 살폈다.

시간이 한참 지나서야 박자혜는 정신을 차렸다. 그제야 할아버지뻘 되는 신석우에게 이 사실을 알렸다. 신채호가 위독하다는 소식은 사람들 사이에 빠르게 퍼졌다. 동지들은 신문사에 이 사실을 알렸다.

신채호는 평소에 자신이 죽으면 다음과 같이 처리해 달라고 말했다고 한다.

"내가 죽거든 시체가 왜놈의 발길에 차이지 않도록 화장해서 재를 바다에 띄워 주시오."

신채호의 뜻과 달리 사람들은 그가 죽으면 유해를 들여와 조선에 묻어야 한다는 데 의견을 모았다. 이 일을 치르는 데 필요한 비용도 모았다. ≪삼천리≫라는 잡지에 보면 신석우가 250원, 송진우가 50원, 여운형이 50원, 조선일보 방용보가 20원, 삼천리사 김동완이 1,000원을 내는 등 여러 사람이 신채호의 장례를 치를 돈을 냈다.

박자혜는 아들 수범, 친구 서세충과 뤼순 형무소로 떠났다. 이때 일본 형사도 이들을 미행하며 뒤따라갔다. 마지막 순간까지도 일본은 최소한의 양심도 없었다.

가는 내내 마음이 무거웠다. 수범도 서세충도 말이 없었다. 박자혜는 9년여 전에 마지막으로 보았던 남편의 얼굴을 떠올렸다. 셋에서 넷으로 늘어난 식구가 다시 모여 오붓한 시간을 보낼 날만을 기다렸다. 9년이라는 시간이 어떻게 흘렀는지 몰랐다.

이런저런 생각에 잠긴 사이에 박자혜 일행은 어느새 뤼순 형무소에 도착했다. 일본 경찰은 박자혜 일행을 곧바로 신채호가 있는 곳으로 들여보내지 않았다. 박자혜와 수범은 애가 탔다.

곧이어 박자혜 일행에게 일본 경찰이 길을 안내했다. 붉은 벽돌로 지어진 형무소 안은 음산하고, 온기라고는 없었다. 한겨울의 냉기에 박자혜와 수범은 몸이 오들오들 떨렸다. 양옆으로 늘어선 감방은 공기가 탁했다. 한눈에 봐도 감방의 여건이 형편없이 열악하다는 걸 알 수 있었다.

일본 간수의 발길이 멈추자 그들의 발걸음도 따라 멈추었다. 육중한 철문 위쪽에는 창이 나 있었는데, 굵은 쇠창살과 쇠그물로 단단히 막혀 있었다.

감옥 문이 열리자 충격적인 모습이 눈앞에 펼쳐졌다. 신채호는 차

디찬 시멘트 바닥에 홑이불을 덮고 누워 있었다. 그래도 박자혜는 남편의 목소리를 듣고 싶어 아들 수범과 함께 남편을 불렀다.

차가운 바닥에 누운 신채호는 대답이 없었다. 의식도 없어 보였다. 신음소리조차 내지 못하고 숨만 가냘프게 겨우 몰아쉬었다. 그토록 그리워하던 아내와 큰아들이 곁에 온 줄도 모른 채 푸르뎅뎅한 시멘트 바닥에서 꼼짝도 못 했다.

신채호의 참혹한 모습을 보면서도 믿을 수 없었다. 그 충격적인 모습에 박자혜는 울음만 삼켰다. 뼈만 남은 남편의 얼굴과 몸을 어루만지며 실컷 울고 싶었으나 아무 말도 못 했다. 일본 간수가 조용히 하라며, 떠들면 곧바로 쫓아낸다고 계속 윽박질렀기 때문이다.

5년 만에 만났던 1927년, 세 식구가 모처럼 도란도란 이야기도 나누고 밥도 같이 먹던 때가 그리웠다. 수범은 아버지가 이런 상황에 이르렀다는 사실이 믿기지 않았다. 형무소에서 불과 얼마 전에 "형기 만료는 1937년 10월, 현재의 건강은 양호하다"라는 편지를 받았기 때문이다. 수범은 아버지가 정말로 아파서 이렇게 쓰러진 건지 의문이 들 수밖에 없었다.

박자혜와 수범은 신채호가 정확히 어떤 상태인지 궁금했다. 옆에 있던 의사가 냉정하게 말했다.

"오늘 자정을 못 넘길 것이오."

박자혜는 남편의 얼굴을 보며 다시 입을 자기 손으로 막았다. 의사의 말에 저도 모르게 비명이 터져 나왔기 때문이다. 수범과 서세충도 탄식이 절로 나와 고개를 들었다.

이들이 미처 감정을 추스르기도 전에 간수는 면회 시간이 끝났다고 알렸다. 그러더니 다짜고짜 이제 그만 나가라고 했다.

박자혜는 남편의 임종이라도 지킬 수 있도록 곁에 있게 해 달라고 사정했다. 신채호의 얼굴과 몸 상태를 보면 이제 더 볼 수 없을 것 같아 간절히 빌었다. 간수는 들은 척도 하지 않고, 매정하게 박자혜와 아들을 쫓아냈다.

박자혜는 남편의 얼굴을 조금이라도 더 보려고 애썼다. 남편으로부터, 아버지로부터 말 한마디도 듣지 못하고 결국 두 사람은 눈물을 흘리면서 쫓겨나왔다. 박자혜는 수범과 서세충의 부축을 받으며 형무소를 걸어 나왔다.

간수에게 쫓겨난 이들은 여관방에서 뜬눈으로 밤을 지새웠다. 다음 날 9시가 되어야 면회를 다시 할 수 있었기 때문이다. 다음 날인

2월 21일, 박자혜 일행은 다시 형무소를 찾았다. 면회 시간만 간절히 기다린 이들에게 형무소 측은 시간이 없다는 핑계를 대며 면회를 거절했다. 박자혜는 어이가 없었다. 밤사이 남편의 모습이 궁금했던 그는 입술이 바싹 타들어 갔다.

그들은 끝내 그날은 면회를 못 하고 발길을 돌려야 했다. 그 어떤 말도 통하지 않았다. 다시 하룻밤을 뜬눈으로 지새웠다.

다음 날 아침에 날이 밝자마자 박자혜와 수범과 서세충은 다시 형무소를 찾았다. 면회를 신청하자 형무소 측에서 하늘이 무너질 듯 충격적인 답이 돌아왔다.

전날 이미 신채호는 의식을 회복하지 못하고 숨을 거두었다고 했다. 아무리 신채호가 두려운 존재라도 가족이 임종조차 지키지 못하게 막은 일본의 악랄함과 치밀함에 치가 떨렸다. 게다가 하루가 지나서야 그 죽음을 전하다니. 남편의 임종을 못 한 미안함과 안타까움에 하늘이 무너지고 땅이 꺼지는 슬픔이 몰려왔다. 그제야 참았던 울음을 목 놓아 울었다. 수범과 서세충도 함께 한참을 울었다.

뤼순 형무소 측은 신채호의 임종 시간은 1936년 2월 21일 오후 4시라고 했다. 그의 나이는 57세, 뇌일혈로 쓰러진 지 사흘 만이었다.

박자혜는 신채호의 유언처럼 '신채호의 시신이 왜놈들의 발에 차이게' 내버려 두고 싶지 않았다.

2월 22일 오전 11시, 신채호의 뼈만 앙상한 시신은 화장터에서 연기와 재로 변했다. 1910년에 고국을 떠나 중국으로 망명한 지 26년여 만이었다.

박자혜는 남편의 유해를 안고 열차에 올랐다. 열차는 꽁꽁 얼어붙은 고국의 산천을 쩌렁쩌렁 울리며 내달렸다. 이때 일본은 박자혜가 안고 있는 신채호의 유골함을 열고 헤쳐 보기까지 하는 만행을 서슴지 않았다. 모욕을 주기 위해서였다. 살아서도 민족의 지도자였고 죽어서도 민족의 지도자인 신채호를 일본은 그만큼 두려워했기 때문이다.

2월 24일 3시경에 박자혜는 신채호의 유골과 함께 서울역에 도착했다. 신채호의 허망하고 안타까운 소식을 듣고 서울역에는 이미 많은 사람이 나와 있었다. 권동진, 홍명희, 여운형, 신석우, 서춘, 안재홍, 김형원, 박돈서, 신상우, 이관구, 정인보, 원세훈, 이대위, 김약수, 현동완, 주익, 유진태, 서정희, 김동완 등 유명 인사들은 물론 신채호를 추모하는 사람들로 서울역은 붐볐다. 각 신문사에서도 이 모습을 놓치지 않으려고 나와 있었다.

박자혜는 신채호의 유골을 그의 고향에 안치하기로 했다. 그날 밤이 깊어서야 신채호의 유골은 그가 자란 청원군 낭성면 귀래리_{오늘날 청주시 상당구 낭성면 귀래리}에 도착했다.

신채호는 죽은 뒤에도 고향 땅에 마음 편히 묻히지 못했다. 그의 수난은 뜻하지 않은 곳에서 계속되었다. 국적도 없고 호적도 없어 묘소 허가가 나지 않았기 때문이다.

1912년에 일본은 조선을 통치하기 쉽게 하려고 '조선민사령'이라는 법을 만들었다. 이 법은 식민지 조선에서 벌어지는 모든 민사 사건에 관한 기본 법령이 되었다. 특히 일본은 이 법을 통해 조선인들의 호적을 완전히 장악했다. 즉, 그동안 조선 사람들이 갖고 있는 족보를 모두 무시하고, 조선 사람은 호주와 가족 사항을 다시 새로 신고하게 만들었다.

이 법에 따르면 신채호는 이미 1910년에 조선을 떠나 중국으로 망명했기에 호적도 없고 국적도 없는 사람이었다. 게다가 신채호는 다른 독립운동가들처럼 일본이 만든 호적에 이름을 올릴 수 없다며 신고를 거부했다.

신채호를 그의 고향에 묻으려는 박자혜와 아들들을 일본은 신채호가 호적도 없는 무국적자라며 묘를 쓸 수가 없다고 반대하고 나섰다. 박자혜는 임종도 지키지 못하게 하더니 묏자리도 못 쓰게 하는 일본의 행태에 또다시 분노가 치밀었으나, 어쩔 수 없이 잠시 물러나야 했다.

일본이 묏자리를 쓰지 못하게 한다고 그냥 두고 볼 수는 없었다. 신채호와 같이 공부했던 독립운동가 신백우가 나섰다. 일본의 명령을 무시하고 신채호의 묏자리를 쓰자며 면장을 설득했다. 면장은 이들의 말에 동의했고, 신채호의 유골을 산기슭에 몰래 묻었다. 나중에 그 일이 발각되면서 면장은 파면되었다.

민족의 지도자 신채호는 살아서는 독립운동을 하느라 외국을 떠돌았는데, 죽어서도 조국 땅에 편히 묻히지 못했다.

몇 달 뒤 신채호 묘 앞에 비석 하나가 세워졌다. 만해 한용운이 돌을 깎고, 위창 오세창이 글씨를 새긴 비석이었는데, 신백우가 역시 일본 몰래 세웠다. 일본이 독립운동가들을 심하게 탄압하는 바람에 비문은 쓰지 못하고 단지 '단재신채호지묘 丹齋申采浩之墓, '단재 신채호의 묘'라는 뜻' 일곱 자만 새겼다고 한다.

박자혜, 남편을 그리며 글을 쓰다

신채호의 장례식장에서 박자혜는 자신이 쓴 이별의 글을 읽었다. 「가신 님 단재의 영전에: 제문을 대신하여 곡하는 마음」이라는 글이다. 민족의 독립을 위해 한 몸 기꺼이 불사른 신채호를 그리며 쓴 글이다. 그 전문을 읽어 보자 다음 글은 1936년 ≪조광≫ 제4호에 수록된 글이다.

가신 님 단재의 영전에: 제문을 대신하여 곡하는 마음

밤도 깊어 가나 봅니다.

우리 식구가 깃들인 이 작은 방은 좁고 거칠은 문창이 달빛에 밝게 물들었습니다.

수범이 두범이도 다 잠이 들었소이다.

아까까지 내가 울면 따라 울더니만 이제 다 잊어버리고 평화스러운 꿈 세상에서 숨소리만 쌔근쌔근 높이고 있습니다.

나는 당신이 남겨놓고 가신 육체와 영혼에서 완전히 해탈된 비참한 잔뼈 몇 개를 집어넣은 궤짝을 부둥켜안고 마음 둘 곳 없어 하나이다.

작은 궤짝은 무서움도 괴로움도 모르고 싸늘한 채로 침묵을 지키고 있습니다.

당신은 뜻을 못 이루고는 영원히 돌아오지 않겠다고 하시더니 왜 이렇게 못난 주제로 내게 오셨습니까.

바쁘신 가운데서도 어린 것들을 유난스럽게 귀중해하시고 소매동냥이라도 해서 이것들을 외국 유학을 시키겠다고 하셨던 말씀을 잊으셨습니까?

분하고 원통하시지 않으십니까?

당신의 원통한 고혼은 지금 이국의 광야에서 무엇을 부르짖으며 헤매나이까?

나는 불쌍한 당신의 혼이나마 부처님 품속에 평안히 쉬이도록 하고자, 이 밤이 밝으면 아이들을 데리고 동대문 밖 지장암에 가서 마음껏 정성껏 애원하겠나이다.

당신과 만나기는 지금으로부터 17년 전 1920년 일이었습니다.

그때 당신은 39세요, 나는 스물네 살이었지요.

무엇을 잡아 삼킬 듯이 검푸르던 북경의 하늘빛도 나날이 옅어

져 가고, 황토색 강물도 콸콸 넘치게 흐르고, 만화방초가 음산한 북국의 산과 들을 장식해 주는 봄—사월이었습니다.

나는 연경옌징 대학에 재학 중이고 당신은 무슨 일로 상해상하이에서 북경베이징에 오셨는지 모르나 어쨌든 나와 당신은 한평생을 같이하자는 약속을 하게 되었던 것입니다.

그러나 당신은 두 해를 겨우 함께 살다가 다시 상해로 가시고 나는 두 살 먹이와 배 속에 다섯 달 되는 꿈틀거리는 생명을 품어 안고 몇 년을 떠나 있던 옛터를 찾게 되었지요.

그 뒤에는 편지로 겨우 소식이나 아는 것으로 위안을 삼으며 당신의 뜻이 이루어지기를 바랐습니다.

당신은 늘 말씀하셨지요.

나는 가정에 등한한 사람이니 미리 그렇게 알고 마음에 섭섭히 생각 말라고….

아무 철을 모르는 어린 생각에도 당신 얼굴에 나타나는 심각한 표정에 압도되어 '과연 내 남편은 한 가정보다도 더 큰 무엇을 위하여 싸우는 사람이구나' 하고, 당신 무릎 앞에 엎드린 일이 있지 않습니까?

그 열과 성의와 용기를 다 어떻게 했습니까?

영어의 몸이 되어서도 아홉 해를 두고 하루같이 오히려 내게 힘을 복돋아 주시던 당신이 아니었습니까?

지난 2월 18일 아침이었지요.

아이들을 밥해 먹여서 학교에 보내려고 하는데 전보 한 장이 왔습니다.

기가 막힙니다. 무엇이라 하리까. 어쨌든 당신이 위급한 경우에 있다는 것이라 세상이 캄캄할 뿐이니, 거저 앉아 있을 수가 있어야지요.

어떻게 되든 간에 수범이를 데리고 그날로 당신을 만나려고 떠났습니다.

여순(旅順) 형무소에 닿기는 그 이튿날 2월 19일 오후 3시 10분이었습니다.

그러나 당신은 벌써 의식을 잃어버리고 말았습니다.

15년이나 그리던 아내와 자식이 곁에 온 줄도 모르고 당신의 몸은 푸르팅팅하게 성낸 시멘트 방바닥에 꼼짝도 못 하고 누워 있었지요.

나도 수범이도 울지를 못하고 목메인 채로 곧 여관에 나와서 하루 밤을 앉아서 새우고 그 이튿날 아홉 시 되기를 기다려 다시 형무소에 갔습니다.

그러나 시간이 없다고 면회를 거절하겠지요.

물론 비참한 광경을 우리에게 보이지 않으려는 관리들의 고마운 생각을 모르는 것은 아니나, 세상을 아주 떠나려는 당신의 임종을 보지 못하는 모자의 마음이 어떠하겠습니까?

정말 당신은 그날,

그날은 2월 21일 오후 4시 20분에 영영 가 버리셨다고요.

당신의 괴로움과 분함과 설움과 원한을 담은 육체는 2월 22일 오전 11시, 남의 나라 좁고 깨끗지 못한 화장터에서 작은 성냥 한 가지로 연기와 재로 변하고 말았습니다.

당신이여! 가신 영혼이나마 부디 평안히 잠드소서….

고단했던 삶을 끝내고 눈을 감다

신채호가 세상을 떠난 뒤에도 박자혜의 삶은 여전히 고단했다.

오히려 정신적으로 의지하던 남편마저 유명을 달리하고 나니 더 힘들었다.

일본 경찰도 여전히 박자혜를 감시하고 탄압했다. 그들이 그렇게 두려워하던 신채호가 이 세상 사람이 아닌데도 여전히 가족들을 못살게 굴었다. 그들이 신채호라는 독립운동가 때문이 아니라 이제는 독립운동가 박자혜를 두려워한 탓인지 모른다. 나석주를 비롯해 의열단의 무장 투쟁을 물심양면으로 도운 인물이 아닌가.

박자혜는 두 아들을 키우면서 위안을 받으며 모진 삶을 이어갔다. 두 아들이 남편처럼 큰사람으로 커 주기를 빌고 또 빌었으리라.

그렇게 어렵게 하루하루를 버티던 1942년 어느 날, 다시 가슴이 찢어지는 고통이 찾아왔다. 열네 살이던 둘째 아들 두범이 영양실조와 폐병으로 고생하다 세상을 뜨고 말았다. 남편의 빈자리를 조금씩 잊어 가고 있었고, 두범이 앞서 태어난 딸을 이미 가슴에 묻었던 터라 박자혜는 그 고통을 견디기 어려웠다.

큰아들 수범은 일본 경찰의 감시와 탄압을 피해 만주로 갔다. 만주를 누볐던 아버지의 발자취를 따라다니며 다시 만나지도 못하고 손으로 느낄 수 없는 아버지를 그리워했다.

이제 박자혜는 혼자였다. 사실 남편과 결혼하고 함께 생활한 기간은 2년 남짓이었다. 식구 셋이 모두 함께 단란하게 지낸 시간도 한 달여뿐이었다. 나머지는 혼자 아닌 혼자였다. 신채호의 아내라서 일본의 감시와 탄압에 늘 시달리느라 그를 찾아오는 사람은 독립운동가들뿐이었다.

힘든 생활고 때문에 오랫동안 제대로 먹지도 못한 탓에 생긴 해수병 기침을 심하게 하는 병 까지 그를 괴롭혔다. 몸과 마음은 말 그대로 쇠약해질 대로 쇠약해졌다.

1943년 10월 16일, 박자혜는 독립된 조선을 보지 못하고 단칸 셋방에서 쓸쓸히 생을 마감했다.

이때 큰아들 수범은 만주 일대를 돌아다니느라 어머니의 사망 소식을 알지 못했다. 유일하게 남은 피붙이였던 수범이 언제 올지 몰라 마냥 기다릴 수도 없었기에 수범의 친구 이순구와 이웃 사람들이 박자혜의 시신을 화장한 뒤 그 유해를 한강에 뿌렸다.

박자혜의 위패는 2008년에 남편 신채호와 함께 충북 청원군 사당에 모셔졌다. 두 사람이 함께 산 기간은 짧았으나 두 사람은 이제 영원히 함께할 수 있게 되었다.

조선 말기에 간호사라는 전문직 여성으로 일하다가 간우회를 조직해 3·1 운동에 참여해 옥살이를 하고, 국내에서 독립운동을 하기 힘들어지자 멀리 중국까지 가서 독립운동을 할 만큼 용기 있고 강단 있는 여성 박자혜. 위대한 독립운동가 신채호의 아내 박자혜가 아닌 위대한 독립운동가 박자혜로 오래도록 대한민국 역사에 기록되고 우리 가슴속에 남아 있을 것이다.

6
박자혜와 신채호의
죽음 이후

"박자혜는 살아생전에 조국의 독립을 보지 못했다.
박자혜와 같은 독립운동가들의 노력으로
우리나라는 1945년에 광복을 맞았다.
독립운동가들의 활동에 보답하여 국가에서는
훈장을 추서하며 공적을 기리고 있다.
박자혜는 1990년 건국훈장 애족장을 추서받았다."

신수범과 가족들

박자혜와 신채호의 큰아들 수범은 북간도에서 조국의 광복을 맞았다. 광복 이후 바로 고향으로 돌아오지 못하고 평양에 머물러야 했다. 그러다가 1950년에 남쪽으로 피란 내려와서 거제도 수용소에서 생활했다. 그곳에서 3년여 생활한 뒤 한국전쟁이 끝나던 해인 1953년에 수용소에서 풀려나 고향 땅을 찾을 수 있었다.

한때는 다시 가난에 시달려, 신백우가 보관하고 있다가 수범에게 준 신채호의 육필 원고들을 팔아 생활하기도 했다.

이후 수범은 은행에서 일하게 되었다. 어머니와 아버지도 안 계시고 동생마저 없어 가족 하나 없는 조국은 쓸쓸했다. 그래도 해방된 조국에서 끼니 걱정은 안 하고 편한 마음으로 살 수 있으리라는 기대와 희망에 부풀었다. 안타깝게도 현실은 기대와 전혀 달랐다.

이승만은 신채호를 증오했다. 그 이유는 임시 정부 시절로 돌아가면 알 수 있다.

1919년 2월에 이승만은 일본을 몰아내고 일본 대신 국제 연맹이 우리나라를 통치해 달라는 「위임 통치 청원서」를 당시 미국 대통령

우드로 윌슨에게 보냈다. 이 말은 곧 일본 식민지에서 미국 식민지로 바꿔 달라는 말이었다. 이 일을 알게 된 신채호는 "이완용은 있는 나라를 파는데 이승만은 아직 있지도 않은 나라를 판다"라며 분노했다.

이 사건 말고도 이승만은 말을 자주 바꾸고 공금을 횡령하고 유용한 사실, 일본 군경의 위협으로부터 도피하려고 외교를 빙자하여 임시 정부가 있는 상하이에 오랫동안 오지 않은 사실 등을 내세워 대한민국 임시 정부는 1925년 3월 11일에 대통령 이승만을 탄핵했다.

광복이 되고 1948년에 대한민국 정부가 수립되면서 이승만이 우리나라 초대 대통령이 되었다. 대통령이 되자 이승만은 신채호를 공산주의자로 몰았다. 대통령의 권위와 권력을 내세워 사사로운 감정을 드러낸 것이다.

수범은 해방이 되어 이제야 일본의 감시와 탄압에서 벗어나 자유롭고 마음 편히 살 수 있을 거라 기대했다. 게다가 아버지와 어머니는 조국의 독립을 위해 평생 싸우던 독립운동가가 아닌가. 그런데 아버지 신채호를 공산주의자로 몰아가다니. 신채호의 자식 중 유일하게 남은 아들인 수범은 숨이 막혀 오기 시작했다.

이런 상황을 잘 알던 김구 등이 보호해 준 덕분에 위기도 몇 번 넘겼으나 상황은 쉽게 나아지지 않았다.

심지어 목숨까지 위험하다는 생각이 들었다. 다니던 은행을 그만두고 자취를 감추는 수밖에 없었다. 신수범은 일제 강점기 시절에 일본 경찰의 표적이 되어 감시받던 것처럼, 해방된 조국에서도 다시 감시받는 사람이 되었다. 먹고살기 위해 고철 장사를 하거나 길거리에서 쓰레기를 주워 파는 넝마주이를 했고, 부두에서 막노동도 했다.

아버지 신채호가 국적 없이 나라의 인정을 받지 못한 것처럼 아들 수범도 떠돌이 생활을 했다. 그런 힘든 생활을 하면서도 수범은 독립운동가인 아버지와 어머니의 명예에 누가 되지 않는 삶을 살려 노력했다.

"어려울 때마다 어머니 아버지를 생각하며 살아왔소. 신채호의 아들이 이렇다, 박자혜의 아들이 이렇게 됐다 손가락질할까 봐, 매사 조심하며 살아왔소. 아들로 부끄럽지 않게 살겠다고 수없이 다짐했소."

나중에 신수범이 부인 이덕남에게 한 말이다.

신수범은 1966년에 이덕남을 만나 결혼하여 딸 지원과 아들 상원을 낳았다. 신수범은 1971년 단재신채호선생기념사업회를 설립하고 신채호가 연구하고 썼던 글들을 수집하고 정리했다.

신채호는 중국에서 한문으로 독립운동의 정당성과 역사에 관한 글들을 발표했다. 신채호가 중국에서 활동하던 시기의 중국도 혼돈의 시대여서 중국에서도 신채호 자료들이 정리되지 않은 상태다. 더군다나 비밀리에 활동해야 했기에 신채호라는 이름을 쓰지 않고 여러 필명을 썼던 탓에 자료 찾기가 더욱 힘들다. 다행히도 신채호의 유고는 북한에 많이 남아 있다. 남북한이 협력하여 발굴하고 연구하면 신채호의 업적이 더 구체적으로 드러날 것이다.

신수범은 1991년에 디스크와 심장판막으로 사망했다.

신수범의 아내인 이덕남은 시아버지 신채호의 삶을 존경했다. 얼굴 한 번 직접 보지 못했지만, 신채호의 자손으로서 살아가는 것에 대단한 긍지를 느꼈다. 신채호의 정신을 계승하는 일뿐만 아니라 신채호 기념사업에도 열심히 활동했다. 신수범의 딸 신지원도 단재신채호선생기념사업회의 고문으로 활동하거나 베이징에 있는 신채호의 유적을 찾아 안내하는 역할을 하는 등 많은 활동을 했다.

신채호는 일제 강점기에 일본이 새로 만든 호적을 거부했기에 해방 이후에 국적도 호적도 없었다. 광복 이후에 들어선 대한민국 정부가 호적에 등재된 사람에게만 대한민국 국적을 주면서 신채호는 국적을 회복할 기회가 없었다.

신수범은 1985년에 '단재 선생 국적 회복을 위한 탄원서'를 대법원에 제출했다. 이덕남은 남편에 이어 1991년부터 무국적 독립운동가들의 국적 회복 운동에 참여했다. 자식과 며느리의 활동 덕분에 신채호는 2009년에 마침내 대한민국 국적을 회복했다.

이와 달리 박자혜는 아직도 신채호의 부인으로 등록되지 못하고 미혼모로 남았다. 1920년에 결혼할 당시에 혼인 신고를 하지 않았기 때문이다. 조국을 떠나서 망명하며 독립운동을 하느라 일본의 감시를 피해 도망 다니며 살았는데, 어찌 혼인 신고를 할 수 있었을까. 또한 혼인 신고를 했다고 해도 혼인 증명서가 남아 있었을까. 신채호의 국적은 회복되었으나 사망한 이의 혼인 신고를 할 수 없어 박자혜와 신채호는 법적인 부부로 인정받지 못하고 있다.

해외에서 독립운동을 하던 독립지사들과 그 가족들이 아직도 고국으로 돌아오지 못하고 있다. 그 후손들은 독립한 대한민국을 보고 싶고 대한민국에서 살고 싶어 하지만, 돌아올 수 없다. 독립운동가 후손들이 받는 대접이 이런 것이 현실이다.

2017년에는 서울과 청주에 있던 단재신채호선생기념사업회를 통합하는 등 신채호 기념사업에 온 힘을 기울이던 이덕남은 2023년에 남편 곁으로 갔다.

박자혜는 독립운동 업적을 인정받아 1977년에 대통령 표창을 받았고, 1990년에는 건국훈장 애족장을 받았다. 2009년 7월에는 국가보훈처가 '이달의 독립운동가'로 박자혜를 선정했다. 이를 기념하고 간호사였던 박자혜를 기리기 위해 대한간호협회가 충북 청원군 낭성면 귀래리 묘역에서 추모식을 개최했다.

우리나라는 친일 협력자를 어떻게 처리했을까?

1945년 8월 15일에 우리나라는 해방이 되었다. 우리 땅에서 35년간 주인 행세를 하고 우리를 괴롭히던 일본을 내쫓고 우리나라와 우리 삶을 되찾았다는 기쁨은 말로 다 표현할 수 없었다.

기쁨을 만끽하고 나자 앞으로 어떻게 살아가야 할지 수없이 많은 고민이 시작되었다. 정치, 사회, 경제, 교육, 문화 등 모든 분야에서 새로운 나라에 맞는 정책과 대안이 필요했다.

이와 동시에 무엇보다 과거의 잘못된 일을 바로잡는 것이 중요했다. 대한민국 초대 국회는 일제 강점기에 일본에 적극적으로 협조한 자를 조사하기 위해 '반민족 행위 특별법반민법'을 만들고 '반민족 행위 특별 조사 위원회반민 특위'를 구성했다. 일제 강점기에 일본에 협력한 친일파들의 행위를 반민족 행위로 규정했다.

국회는 독립운동가 출신인 김상덕 의원을 반민 특위 위원장으로 선출했다. 반민 특위는 1948년 10월부터 일본에 협력한 자를 최고 사형에 처할 수 있도록 하는 법률을 제정하는 등 의욕적으로 활동했다.

1949년 1월에 화신 재벌 박흥식을 검거한 것을 시작으로 최린, 이종형, 노덕술, 김연수, 최남선, 이광수, 배정자 같은 대표적인 친일파들을 체포하면서 본격적인 활동을 시작했다.

그러나 의욕적으로 출발한 반민 특위는 오래지 않아 친일파와 그와 뜻을 같이하는 세력들에 의해 활동을 멈추게 된다. 안타깝게도 친일 세력을 끌어들여 대통령이 된 이승만과 미군정의 반대로 반민 특위는 활동한 지 채 1년도 못 되어 해체되는 운명을 맞았다.

이렇게 되자 친일파들이 대부분 처벌을 피할 수 있게 되면서, 친일파를 끝내 청산하지 못했다. 그때 청산하지 못했던 친일파들은 지금도 우리 사회 곳곳에서 살아남아 떵떵거리며 잘살고 있다.

제2차 세계 대전 때 유럽의 여러 나라들이 독일의 나치에 점령당했던 적이 있다. 나치가 점령한 나라들에는 나치에 협력했던 나치 부역자들이 꼭 있었다. 독일이 전쟁에서 패하고 제2차 세계 대전이 끝나자마자 나치에 점령되었던 나라들은 나치 협력자들을 처벌하기 시작했다. 우리나라와는 비교도 안 될 정도로 나치 협력자를 강력하게 처벌했고, 시간이 많이 지난 지금도 여전히 나치 협력자를 찾아내서 처벌하고 있다.

프랑스에서는 나치 부역자 중 6,700여 명에게 사형을 선고했는데, 그중 760명에게 사형을 집행했다. 또한 2,700여 명이 종신 강제 노동형, 10,600여 명이 유기 강제 노동형, 2,000여 명이 금고형, 22,000여 명이 유기징역을 받았다.

벨기에에서는 55,000건이 징역형으로, 네덜란드에서는 50,000건 이상이 징역형으로 처벌되었다.

친일파 청산에 실패한 지금 대한민국에는 친일파 후손들이 정치·

경제·사회·문화 등 많은 분야에서 알게 모르게 엄청난 영향력을 행사하고 있다. 이와 반대로 독립운동을 위해 전 재산은 물론 목숨까지 다 바친 독립운동가들과 그 후손들은 제대로 된 대접도 받지 못한 채 안타깝게도 또다시 험난한 삶을 살고 있다.

독립운동가의 후손들을 잘 대우하고 귀하게 여겨야 한다. 목숨까지 바쳐 독립운동한 후손들이 제대로 존경받거나 추앙받지 못하고 그늘에서 살아야 한다면, 우리나라에 또다시 위기가 닥쳤을 때 누가 목숨을 걸고 앞장서서 나서겠는가. 친일파와 그 비호 세력에 의해 '잠시 멈춤' 상태였던 반민 특위 활동이 지금이라도 시동을 걸고 다시 활동하기를 바란다.

떵떵거리며 사는 친일파 후손들

반민 특위의 해체로 친일파들은 자신들의 권력을 그대로 누릴 수 있었다. 그 후손들도 대를 이어 사회 여러 분야에서 영향력을 발휘했다. 친일파 청산을 제대로 못 한 결과 훗날 말문이 막히는 일이 벌어지기도 했다.

해방 후에 친일파의 재산이 일부 몰수되기는 했다. 그래도 대부분은 이승만 정권과 미군정의 보호 때문에 몰수되지 않았다. 그 덕분에 친일파의 후손들은 그들의 선조들이 친일 행위를 한 대가로 받은 재산으로 여전히 떵떵거리고 산다. 그런데 그것도 모자라 친일파의 후손들이 부끄러움을 잊고 몰수된 재산을 돌려 달라는 소송을 제기해 국민적 분노를 샀다.

그 대표적인 인물이 매국노 이완용의 증손자 이윤형이다. 그는 증조할아버지인 이완용의 토지를 되돌려 달라는 재산 반환 소송을 제기했다. 그러자 다른 친일파의 후손들도 잇달아 같은 소송을 제기했다. 그들의 후안무치에 온 나라가 발칵 뒤집혔다.

이 소식이 알려지자 우리 국민은 한목소리로 친일파 후손에게 재산을 돌려주면 안 된다고 목소리를 높였다. 재판을 담당한 판사는 이런 국민의 목소리를 외면하고 친일파 후손들의 손을 들어 주었다. 결국 그 땅은 다시 친일파 후손들에게 돌아갔다. 재판부의 결정에 사람들은 모두 눈과 귀를 의심했다.

땅을 되돌려 받은 친일파의 후손들은 땅땅거리며 잘살고 있다. 하늘에 부끄럽지 않을까? 또 자신들의 행위를 후손들에게도 떳떳게 말할 수 있을까? 사람들은 이들이 역사적으로 수치스러운 삶을 살 것이라고 말한다.

잘못을 저질렀을 때는 잘못을 빨리 뉘우치고 사과하고 용서를 비는 것이 사람의 도리다. 이런 도리를 지키는 친일파 후손들은 잘 보이지 않는다.

떳떳하게 살아가는 독립운동가의 후손들

독립운동을 하면 3대가 망한다는 말이 있다. 세상에 이런 악담이 어디 있느냐고 할지 모르겠으나, 독립운동가 후손들의 현실을 보면 이 말이 틀린 말은 아닌 듯해서 씁쓸하다. 가진 재산은 모두 독립운동하는 데 바치고, 한곳에 정착하지 못해 교육도 제대로 받지 못했으니 훗날 경제적으로 어려운 삶을 살 수밖에 없다.

박자혜도 중국에서 극심한 가난에 시달리며 고생하다가, 그래도 조선에 돌아오면 나아질까 기대했으나 돌아와서도 끼니조차 제대로 잇지 못하고, 남편과 자식들을 먼저 저세상으로 보내고 고생하다가 홀로 쓸쓸하게 세상을 떠났다. 일본 식민지에서 해방되고, 그로부터도 80여 년이나 흘러 선진국이 된 대한민국에서 많은 독립운동가 후손은 여전히 어렵게 산다. 독립운동가들의 희생이 점점 잊히는 것도, 그 후손들이 힘들게 사는 것도 이대로 방치할 일은 아니다.

이런 것도 모자라 독립운동에 헌신한 사람들을 모욕하고, '공산주의자'라거나 '빨갱이'라고 헐뜯고 모함하는 이들도 많다. 대한민국의 '건국'을 대한민국 임시 정부가 수립된 1919년이 아니라 대한민국 '정부'가 수립된 1948년이라고 우기며 소위 '건국절' 논란을 일으켜, 항일 독립운동의 의미를 깎아내리려 하는 세력도 있다. 이들은 오로지 자신들의 이익만을 위해서 그런 파렴치한 일들을 서슴지 않는다. 그럴수록 우리는 독립운동을 올바로 알고, 독립운동가 후손들의 명예를 지켜 주어야 한다.

독립운동가 후손들에게 남은 것은 명예와 가난뿐이다. 출세하지 못했어도, 좋은 것도 못 먹고 좋은 옷을 입지 못하고 비싼 집에서 살지 못해도, 독립운동가들의 후손이라는 자부심으로 떳떳하게 살아간다. 더불어 이런 그들이 독립운동에 모든 것을 바친 조상에 대한 긍지를 갖고 살 수 있도록 정부와 사회가 다 같이 노력해야 하지 않을까?

더 알아보기

민족의 지도자, 신채호 ·

 신채호는 우리나라의 역사를 연구하고 수많은 글과 책을 써서 우리 민족의 의식을 고취한 역사가이자, 직접 독립운동을 한 독립운동가이다.

 신채호는 1880년에 충청남도 대덕군 산내에서 신광식의 아들로 태어났다. 어려서 할아버지의 서당에서 한학을 공부했고, 열 살에 사서삼경과 『통감』을 읽었다고 전해진다. 성균관에 들어가 학문 연구에 힘썼고, 스물두 살에 고향으로 내려와 문동학원에서 아이들을 가르쳤다. 스물다섯 살 때는 산동학원을 세우고 신교육 운동을 벌였다.

 1905년에 ≪황성신문≫ 기자가 되어 언론인으로서 첫발을 떼었다. 그해에 한국의 외교권이 일본에 빼앗기는 을사늑약_{1905년 러일 전쟁에서 승리한 일본이 대한제국의 외교권을 박탈하기 위해 강제로 체결한 조약}이 체결되자, ≪황성신문≫의 주필 장지연이 「시일야방성대곡」이라는 논설을 신문에 실었다는 이유로 주필은 구속되고 신문 발행은 중단되었다.

 이때 영국인 베델이 발행하던 ≪대한매일신보≫에서 같이 일하자는 제안을 하자 신채호는 이를 받아들인다. 신채호는 ≪대한매일신보≫에 「독사신론」이라는 논설을 발표하여 우리나라 역사를 올바르게 읽을 것을 주장했다. 이어 「을지문덕전」, 「동국거걸최도통전」, 「이순신전」 등을 연재하여 국민에게 역사 인물을 소개하며 애국심을 북돋웠다. 이와 함께 민족주의 입장에서 자주적이면서도 실증적으로 한국 고대사를 재구성하는 연구를 계속한다.

1907년에 안창호, 양기탁, 이동녕, 이갑 등과 함께 국권 회복을 목적으로 하는 항일 비밀결사 단체인 신민회를 만들고, 신문의 논설을 통해 국채 보상 운동을 적극적으로 도왔다. 신채호도 국채보상운동에 참여하면서 오랫동안 피우던 담배를 끊었다.

1910년에 조선이 일본에 병탄되기 전에 신채호는 독립운동을 하기 위해 중국으로 망명했다. 그 뒤 블라디보스토크에서 조국이 일본의 손아귀에 넘어갔다는 소식을 접한다. 그곳에서 광복회를 만들어 부회장으로 활약하는가 하면, 상하이와 베이징 등지에서 독립운동에 참여했다.

신채호는 틈틈이 만주에 있는 광개토대왕릉과 고구려·발해의 유적지를 돌아보면서 우리 민족의 고대 역사를 연구했다. 1920년대에 『조선상고사』, 『조선상고문화사』, 『조선사연구초』 등의 책을 써서 한국 고대사를 체계화했다.

또한 신채호는 의열단의 독립운동 노선과 투쟁 방법을 밝힌 유명한 「조선혁명선언」 일명 '의열단 선언'을 집필했다. 이는 국내외 동포들에게 일본에 대한 적개심과 독립 사상을 한층 드높이는 계기가 되었다.

1928년 신채호는 폭탄 제조소를 만드는 데 필요한 자금을 마련하러 대만에 갔다가 일본 경찰에 체포되었다. 1930년에 다롄 지방 법원에서 10년 형을 선고받고, 안중근 의사가 사형당했던 뤼순 형무소에 수감된다. 그러던 중 출감을 채 2년도 남기지 않은 1936년 2월, 건강하던 신채호는 갑자기 옥중에서 쓰러진 뒤 세상을 떠났다.

지은이 박세경

당당하고 올곧은 여성들이 우리 역사에 아로새긴 발자취를 좇아가며 이야기를 모아서 어린이들에게 들려주는 데 관심이 많은 작가입니다. 대학에서 독문학을, 대학원에서 사진 예술을 공부습니다. 출판사에서 책을 기획하고 편집하는 일을 오래 해 왔고, 대학에서 학생들에게 출판학을 가르쳤습니다.

지은 책으로는 『우리나라 최초의 여성 비행사 권기옥』, 『곱구나! 우리 장신구』, 『택리지』, 『바른생활 상식』, 『놓치면 안 될 우리 아이 책』(공저)이 있고, 우리말로 옮긴 책으로는 『악어가 안경을 썼어요』, 『밤은 무섭지 않아』가 있습니다.

그린이 유기훈

홍익대학교 판화과를 졸업했습니다. 상상의 나래를 마음껏 펼칠 수 있는 일러스트레이션에 매력을 느껴 어린이책에 그림을 그리게 되었습니다. 그린 책으로 『나나의 반지』, 『행복한 고물상』, 『플루토 비밀결사대』, 『펄루, 세상을 바꾸다』, 『비밀의 동굴』, 『사라진 고래들의 비밀』, 『새틴 강가에서』, 『정의를 찾는 소녀』, 『이상이 일상이 되도록 상상하라』 등이 있습니다.

독립운동가가 된 간호사 박자혜

초판 1쇄 발행 2025년 4월 25일

지은이 | 박세경 그린이 | 유기훈
펴낸이 | 신복진 펴낸곳 | 낮달 등록 | 2024년 6월 12일 제2024-000048호
주소 | 경기도 부천시 소사구 경인로 477, 401호
이메일 | daymoonpub@gmail.com 팩스 | 050-4257-9729 인스타그램 | @daymoon.pub
디자인 | 반수진 교정 | 신서진, 이윤정

글 ⓒ 박세경, 2025
그림 ⓒ 유기훈, 2025

*값은 뒤표지에 적혀 있습니다.
*잘못 만들어진 책은 구입하신 곳에서 바꾸어 드립니다.
*이 책은 저작권법에 따라 보호를 받는 저작물이므로 책의 내용 일부 또는 전체를 재사용하려면 지은이와 출판사 양측의 허락을 받아야 합니다.

ISBN 979-11-988973-1-2 73990